岡田尊司
Takashi Okada

啟動心靈的對話

人を動かす対話術

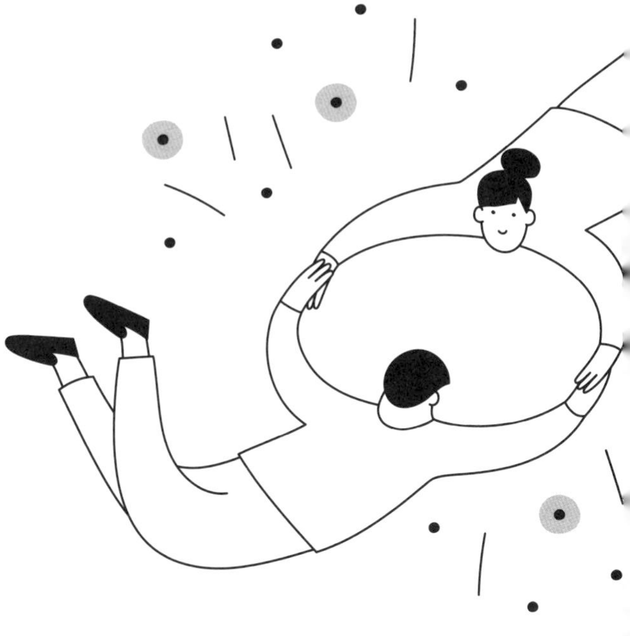

洪于琇、柯依芸——譯

前言——在溝通、對話中蘊含無限的可能

拿起這本書的讀者，相信有人是從事醫生或心理輔導等職業，需要與病患、被輔導者對話；或是在學校、醫療、社會福利單位，法律、商業等領域需具備建立信任關係、解決問題和說服他人等技巧；又或許是因為和親友間的問題，正煩惱著不知該如何溝通的人。

想要讓對方接受自己、想要打動對方的心，並做出符合我們期望的決定和行為時，話應該怎麼說才能說服人？應該採取什麼樣的應對方式才能見效？而想要給予支持時，在談話的內容上該注意哪些點？此外，當你無論怎麼費盡心思也無法順利溝通時，又該怎麼做呢？

為了回應讀者的這些需求，我將過去橫跨數十年孕育而成的心理學對話技巧，結合精神科醫生的經驗，在這本書當中將一一介紹給大家認識。

我相信每個人都有自己習慣使用的說話技巧。若是專業人士，或許都已經掌握了一套受過特別訓練、十分嫻熟的對話術。不過，大家應該也會有這樣的經驗，不論是哪一套對話術，也不管那一套談話術有多優秀，都無法完全地適用於所有的情況。也就是說，所謂的有效對話術會根據問題的性質與目的、談話對象的個性，以及談話的時間與前置作業等因素，而有所不同。

所以當面對眼前發生的狀況，必須做出最有效的應對時，我們就可以從眾多的法寶中挑選出必須的方法加以運用。而當面對棘手的狀況時，更需要同時並用好幾種方法。針對這類需求，我們必須要以一種全面、有機的觀點來看待對話的技術。

然而，放眼現在的書市，雖然有針對各種談話術寫成的專書，卻鮮少有能綜觀整體，進而可學習到各種談話技巧的書籍。因此本書希望可以讓讀者在寬廣的視野中學習到整體的、有系統的談話方法。

書中每一種對話法，都是從我所經驗的對話技巧中，挑選出實際有效且符合大眾需求的。不只是可以運用在心理臨床方面，在教育現場和諮商的場合都能發揮相當大的作用，此外，還可以活用於職場或是員工教育上。同時也期盼對讀者本人或是周遭親友的人生有所助益。

本書的對話技巧分門別類，附錄（第二二七頁）的一覽表清楚地列出各種技巧分別對解決何種問題特別有效，供讀者查閱參考。

第一章介紹一些可進行對話、深入交談的基本技術，根據的是羅哲斯確立的談話技術。

第二章提供能夠幫助快速解決問題的方法，根據短期療法中的焦點解決。

第三章說明如何讓受困於矛盾、迷惘而無法動彈的人們能展開行動，根據動機式晤談的技巧。

第四章介紹藉由修正思考歷程，進而改善適應不良的談話技巧，根據認知（行為）治療。

第五章從談話技術的觀點來看，如何克服強烈自我否定的相關方法，根據辯證行為治療。

第六章將針對三種容易引發對話特有的困難類型：焦慮依附型、迴避依附型、自戀型人格，分析只要注意哪些部分就可以使對話順利進行下去。

第七章則跨越以言語構成的對話，思考與行為、環境相互對話的技術。這是當面臨言語對話難以應付時，經常能有效改善問題的技術。

雖然其中不論哪個主題，都包含了即使厚厚一大本書也無法盡數說明完全的內容，但我仍決定將其中的精華濃縮。因為若是過度著墨於細節，本質的部分反而容易變得模糊。

談話的技巧儘管各有差異，但這些技巧之間卻有共通的基礎，能彼此融合、相互影響。因此我們會發現，不如一次把各種對話技術學起來，那麼將更能幫助我們看到其中真正重要的事物。

容我再說明本書寫作時特別用心之處。

書中所介紹的方法，都是根據我自身經驗精挑細選出能夠實際操作、活用的方法，書中的對話和實例在生活中都能一一如法炮製。

就算是對談話技巧不太感興趣的讀者，也一定可以在閱讀的過程中，漸漸地受到心理學的對談技巧這門深奧的學問所吸引，而驚嘆於其中的豐富與趣味性。

對話，和關係人類存在根本的哲學問題密切相關，也正是如此才會促使我們透過對話而產生改變、展開行動。因此只要喚醒所謂的談話技巧，相信你會因為發現在溝通、對話中蘊含無限廣大的可能而興奮不已。

希望本書能透過廣泛的實踐，為讀者帶來幫助。

目錄

第一章

打開心房法

—經歷摸索與轉變—

西元一九二八年，經濟大恐慌的前一年，一名二十六歲、在威斯康辛州長大的心理學者終於謀得職務，放下心中的大石。雖說是心理學者，但他也不過才剛結束實習，連論文都還沒有完成。早早結婚的年輕人育有年幼的孩子，迫切需要一份工作。年輕人名叫卡爾·羅哲斯（Carl Rogers，一九〇二～一九八七年），他是日後在心理治療界掀起一場革命的人物。

羅哲斯找到的工作，是位於紐約羅徹斯特「防止虐待兒童協會」的兒童研究部門。他的工作內容是與那些從法院或其它單位送來的不良少年與受虐兒、以及與他們的父母面談。這名曾經立志當一名牧師，極度禁慾且誠懇的年輕人，熱情地投入這份工作。

雖然這在優秀的臨床專家中是常見的事，但羅哲斯的經驗和一般的正規路線稍稍不同。孩童時期在威斯康辛農場長大的羅哲斯，比起社會經驗的歷練，更熱中於大自然觀察和飼養家畜。

擁有飼養雞、豬、牛隻相關專業知識的羅哲斯，毫不猶豫地進入了威斯康辛大學的農學部就讀。然而，他在參與學生宗教會議受到啟發後，下定決心要當一名牧師。為此，羅哲斯從農學轉修史學，進入了神學院。

然而，在就讀神學院的兩年當中，羅哲斯迷上了心理學與精神醫學。他開始對以宗教為業產生懷疑，思索著從事其他的專業工作，於是前往只與神學院相隔一條街的哥倫比亞大學修習教育學。在學校的兒童諮商實習中，深受吸引的羅哲斯，終於找到自己的天職，走上了臨床心理學這條路。

—從「失敗」中產生的發現—

羅哲斯在防止虐待兒童協會工作時期，也是美國精神分析理論抬頭的階段，因此，他也受到精神分析的影響，從尚未有性方面問題或記憶時期的外傷經驗中探索虐待的成因。然而，羅哲斯卻深刻體會到，這種探究原因式的面談，對問題的改善並沒有太大的幫助。

對生性認真踏實的羅哲斯而言，儘管工作是為了養家餬口，但一直無法展現成果的工作是非常痛苦的。就在這股挫折達到最頂點時，出現了出乎意料的突破。

當時，羅哲斯雖然已經三十好幾，仍以不變的熱情，致力於改善反覆發生問題行為男孩的個案。羅哲斯確信這個男孩是因為在幼時遭母親的拒絕所造成的，然而這位母親卻完全不這麼認為。羅哲斯嘗試各種方法，卻都無法讓母親理解兒子的問題行為與兒時沒有給予孩子關心這件事有關。事情的後續，就讓羅哲斯自己來談吧！

但是我怎麼做都沒有用。最後，連我也放棄。雖然我們拚命嘗試，但眼看最後還是失敗了。我建議孩子的母親是不是停止諮商會比較好，而她也同意了。當我們相互握手告別，她開始走向大門時，突然回頭問我：「醫生，你願意幫我做諮商嗎？」我回答沒有問題。她重新坐回剛剛她坐的那張椅子。接著，她開始向我傾吐她那絕望的婚姻生活、不順遂的夫妻關係、她那失敗與混亂的心情。那是與她至今為止所陳述的截然不同的內容。從那一刻起，我們展開了真正的治療關係，結果非常成功。

——（《羅哲斯選集》〈上〉伊東博、村山正治監譯，誠信書房）

羅哲斯就是在這個時候，發現到「**知道什麼問題才重要、深藏了何種經驗的，是當事者本人**」這項事實。這個經驗讓羅哲斯創造出後來席捲全世界的「當事人中心治療法」（client-centered therapy）。

最終，之所以至今的面談方法都行不通的原因就在於，聽者已經先決定了答案，並企圖引導對話。但知道答案的並不是別人，而是當事人本人。因此，最有效的對話方式是，盡可能不要去干擾對方的談話，幫助話者釐清他的思路。就這樣，羅哲斯確立了一套嶄新的對話方法。

一個方法就能引起巨大改變

羅哲斯的發現，重新顯示了談話技巧所擁有的力量。一種談話方式，可以讓人不管再怎麼努力也無濟於事，也有可能會使膠著的狀態好轉到令人難以置信。

這種狀況不限於羅哲斯的談話方式。接下來我們會橫跨七個章節，介紹七種對話的技巧，無論哪一種方法都蘊藏著這股力量，都是經過精挑細選，也可以說是實際引發過奇蹟變化的方法。或許有人會覺得不過是彼此對話而已，未免過於誇大。但是，對話的確擁有令人驚訝的效果。不論是讓沒有動力的「憂鬱」上班族重新回到職場，讓持續十幾年不停地反抗或者犯罪的人徹底改變生活方式，或使藥癮病患從安非他命和毒品的強烈依賴中重新站起來，反覆自殘和企圖自殺的女性恢復安定，繭居十年以上的年輕人開始上班工作……這些變化的契機都在於對話。

然而，只要用錯一種方式，也有可能造成難以想像的悲慘結果。不論是重新回到職場的上班族將再度無法進公司，還是開始恢復上學的孩子又不去上學了，只要踏錯一步，便會輕易引發這樣的事態。

在談話對象中有可能碰到能力優秀的年輕人，卻越來越偏向反抗型的反社會人格；也會面對懷抱強烈不安、覺得自己被拋棄的女性，受自我傷害的行為所驅使……像這類人越是拚命說服他們，越容易引起反效果。之所以失敗，多半是因為我們不了解談話的原理，無視對話的基本原則，而率性地展開談話所致。對話在這層意義上可說是把兩刃劍，鋒利而恐怖。

儘管如此，仍有不少人在決定一生的重要場合中、在運用詞彙時，依舊是那種日常閒聊、漫不經心的態度。然而，我認為至少從事必須面對面溝通的專業人士，要學會談話的基本原則與最低限度的說話技巧。

在學習羅哲斯與其後繼者們所確立的對話技巧前，我們要先了解對話的兩種基本作用。好好記住這些作用，因為它是所有談話技巧的起點。暫且不論那些高級技巧，只要了解對話的基本作用，應該就能防止誤判所引起的重大失敗。

―對話的兩種基本作用―

雖然對話這兩個字看起來簡單，但從隨意的聊天或打招呼、聊八卦，到爭論和商量、說服、交涉、安慰等等，其實已包含了各種的型式。

一般認為，人們會喜歡聊天或是八卦，是因為能藉由共同的話題和關注，確認彼此的交情和連結，並感覺到自己是安全的。此外，資訊的交流也對提高生活的安全感與安心感有很大的幫助。人們見面打招呼亦然，當相互問候：「你好嗎？」這一類本身沒有什麼意義的詞彙時，也是為了保障彼此的安全感與安心感。

提高安全感這個作用，在予以安慰的對話中會表現得更加明顯。此時，在對談者彼此之間不僅擁有共同的話題，並共享彼此的心情，也就是產生了所謂的同理心。

另一方面，爭論的情況又如何呢？爭論時，儘管彼此的思考與價值觀不同，但也正是因有這些不同的差異才展開對話的。目的或許是要駁倒對方，但也透過爭論，出現了需要推敲、提升思考的優異效果。

實際上，研究學者們經常追求爭論的機會。因為藉由爭論，可以讓思路變得更加清晰、明確，進而了解自己的缺點，於是將想法轉化成為更具普及性的內容。當自己一個人的思考陷入瓶頸時，透過對話可加入對方的觀點，會變得順暢有效率。

商談這件事，可以說是藉由活用前面所提的兩種對話作用——「提高安全感」與「推敲、提升思考」方能順暢進行。與其一個人煩惱，找人商量除了能獲得安心感外，也更容易找出解決問題的線索，可說是一舉兩得。

而說服的場合呢？說服和爭論感覺很類似，但是，爭論是就算駁倒了對方，也不一定能夠說服對方，很可能還會更加抗拒。因為人類同時是「理性的動物」也是「感性的動物」，當你想要說服對方時，不光要讓對方了解道理，在這之前，還需要讓對方能夠產生接受道理的感情。而這就牽涉到安全感的問題了。擁有同理心與彼此的羈絆，可以說是不亞於利害得失的決定因素。

另外，單就讓對方了解道理這一點，事情也沒有那麼單純。所謂的利害得失，也包含了無法單純比較的各種標準，這跟雙歧性（同時擁有相對立的兩種價值）在某方面來說有益，在另一方面卻有害的特質相同。就算想要單獨強調一方的好處來說服對方，對方也不見得會接受；而即便當下接受了，事後也會產生受騙的感覺。因此，想要真正打動對方，就要能夠跨越矛盾與迷惘。此時，以更高的視野來強化對話的思考作用，就顯得十分重要了。

我們可以說對話是具備藉由共享資訊與心情來提高安全感，以及利用不同視角強化思考、消除對立，具統合與辯證的作用。在思考談話時，必須時時把同理心與辯證法這兩種作用放在心上。越是需要支持對方、打動對方的時候，越不能只單靠一方，而是需要兩方同時運作。

—守護安全感—

對話可以說是一種展開人際關係的媒介。如果對話無法順利進行的話，關係也無法建立。

對於談話沒有交集、無法順利交談的人，大部分的人會產生「真搞不懂那個人」的感覺。

想要拉攏對方參與，以利事情進展時，對話從來是不可或缺的。如果對話能順暢進行，將更容易建立彼此的信賴關係與發揮團隊的合作。不管是社交或商務的場合，或是在協助他人、給予支援時，第一步要做的都是要展開對話。

此時，能了解談話的對象具有什麼樣的特性與傾向，就變得很重要了。舉例來說，面對防備心強的人與具親和力、很快拉近距離的人，應對方式便不同。根據立場、年齡、性別等差異，說話的方式當然也會不一樣。

然而最重要的是，要超越這些差異，理解本質是共通的原理。因為只要不脫離根本的立場，就算多少有些不契合之處，大致交談能順利進行。相反的，若是在展開行動時無視於本質的原理，那麼就算再多麼講究細節，對方也不會接受的。

那麼，對話的成立必要條件是什麼呢？這與前述的「對話的重要作用」有關，也就是要「守護安全感」。為了提升安全感而應進行的對話，最忌諱的就是威脅到對方的安全感，因為誰都不想與安全感會被受威脅的人說話。就算表面看起來很有回應，也不是真正的交談。

要建立順利的交談，首要條件是要注意不威脅到對方的安全感，要能提高對方的安心感與自尊心。而影響這些的不僅止於話語，說話時的氛圍和表情、身體距離等，這些非語言條件也都十分重要。從中表現出重視對方的態度至關重要。有些人會因為和藹可親的笑容和親近的距離而感到安心，也有人會覺得客氣的應對和適當距離的保持讓人比較輕鬆。關於這點，後面的章節會另做討論。為了避免讓對方感到不舒服或產生厭惡感，首要就是展現不威脅到對方安全感的態度。

那麼，談話終於要開始了。為了提高安心感與安全感，什麼才是有效的對話呢？人在什麼時候會感到安心而願意開口說話呢？覺得對方很有親切感而敞開心房呢？

一切的原點就在聆聽的態度。不是自己開口說話，而是讓對方能主動說出來。關於傾聽的重要性，已經有許多人提出，但最早注意到這個現象的是羅哲斯。專注傾聽對方的話語和圓融的人際關係與信任感，可說是息息相關。

這是因為說話這項行為，稍微走錯一步便有可能威脅到對方的安全感，導致意想不到的事態，但傾聽就沒有這種風險了。反過來說，因為安全感和主體性受到保護，便能輕易地開口。當對方開口說很多話，便是安全感得到保護的好徵兆；而當只有自己在說話的狀態，在這層意義上來說，也是對話沒有順利進行的徵兆。

創造一個能夠讓對方好好說話的狀態，對加強親密感和信任感十分有效。而第一步，就是傾聽的態度。

—從共享話題到共享心情—

但是，當遇到對象防備心很強或是緊閉心房時，有時只靠這些方式很可能對話也無法順利進行。想要深入對話，要掌握的關鍵，就在於前面所提的「**共享**」。**共享有兩個層面，分別是共享話題與共享心情**，後者稱為同理心。不過，當你想要發揮同理心有時也會遭對方的拒絕。如果對方想尋求同理心，給予具同理的回應將十分有效；但是當對方尚未敞開心房，只有我們自己想發揮同理心時，有可能會讓對方感到厭煩。

因此，首要的一步就是共享話題。以不危及對方安全感的形式表現出共享話題的姿態，在這個場合裡可以說非常重要。

雖說是話題，但它涉及到興趣和價值觀甚至信念，範圍十分廣泛。為了不讓對方感到威脅而能和對方共享話題，就盡量避免涉及價值觀、信念等較沉重的內容，從興趣與日常生活的話題開始交談。

當然，在交談中對方也會將話題帶到自己關心的事物上。決定這件事的是談話對象本人，而非由傾聽者勉強將話題展開。在當事者本人做好說出口的心理準備前，稍微停留在比較容易聊的話題上會比較好。與這些話題為伍非常重要，因為當事人會藉此判斷我們有多值得信任，多尊重他的步調。

配合當事人的步調，致力於共享話題時，我們是接受的一方，要盡量讓對方開口說話。這樣看起來似乎處於被動，實則是非常主動的行為。當話題中斷、快要失去方向時，就需要插話，並時而提出問題或題材。有時候按捺住沉默，等待對方的話語也很重要。在打算說出重要事情時，有時話題會中斷或是面臨沉默，此時若是隨便插話，就會失去這個機會。為了避免這種情形，談話時不只要專注傾聽，要能體察對方情緒也很重要。

當然，我們不能反客為主。自己反而滔滔不絕的話，對方或許會因而退縮吧。明明是在聆聽，不知不覺間卻變成都是自己在講就走偏了。隨著年齡增長與地位的提升，人們常有這種傾向，為了避免被認為你只是在炫耀，在對話當中要能有所察覺。

當展開對方感興趣的話題時，很重要的一點是，絕不可威脅到對方的主導權。當你用心共享話題，對方也會放下防備，漸漸地與你變得熟悉，主動說出更進一步的內容。

—光是共享話題就能讓人恢復精神—

不論是拒絕上學的小孩、憂鬱的上班族、酒精上癮與暴飲暴食的ＯＬ、或是問題行為的不良少年、不找工作的繭居年輕人等，共享話題不僅能讓對話更容易進行，還具備改善現狀、讓當事人恢復精神的作用。

在處理拒絕上學、上班、繭居和不良行為這些問題上，比起針對問題採取行動，不如對本人關注的話題感興趣來得有效。從彼此互相談論的過程中，讓當事人恢復精神，變得突然開始去上學、找工作，上班的例子也不在少數。

相反的，若是處理憂鬱、暴飲暴食、拒絕上學或不良行為這類問題時，只把目標集中在上述這些行為上的話，對方很容易會變得變本加厲，或行動變得退縮，或是因反抗而引發家暴等更嚴重的事態。

問題行為是結果而非原因，只想改善結果是不可能的，原因另在他處。最常見的原因是當事人的安全受到威脅。若是想對問題行為做些什麼而去使勁地拚命拉扯，就會越加威脅到他們的安全感。因此別說是改善問題行為了，情況只會變得更糟而已。

實際上，優秀的精神治療專家都很了解這一點，因此都理所當然地採用共享話題的方法。

這是很久以前的事了，因為一件棘手的個案治療，知名的精神醫學大師笠原嘉醫生曾擔任我的指導，當時他給我的建議讓我留下了深刻的印象。我一跟他提到治療中的年輕人很喜歡奇幻小說，笠原醫生便對我說：「你也必須投入其中。」當時他所用的「投入」這個詞，一直留在我的耳畔。所謂的共享興趣，不是口頭上配合的表面功夫，而是一種必須用心投入話題的態度。

—初老男性的案例—

一位六十多歲的男子企圖自殺，被妻子發現後帶到了精神科。雖然醫生開了抗憂鬱藥物卻沒有什麼改善，男子依舊處於無力感的狀態，就算和主治醫生面談，也是充滿著悲觀的話語。不過，男子的眼神曾有一瞬間顯現出光彩，那就是在談論做菜的話題時，因為他在退休之前一直在飯店從事廚師的工作。之後，主治醫生經常與他談論料理相關的話題。於是幾乎不太主動開口的男子，漸漸開始開口說話了。某一天，主治醫生詢問他是否願意到日間護理中心的料理教室教導其他成員做菜。剛開始可以感覺到男子不太有意願，但主治醫生表示工作人員會從旁協助，請他放心，後來他終於同意。實際上，男子一站到廚房便彷彿換了一個人似的，對於料理步驟的解說得心應手，同時展現了精彩的刀工。當料理課程結束時，在眾人的驚嘆聲中男子的臉龐滿溢著自信。從這件事之後，男子恢復了精神，很快地完全康復出院。

雖然共享話題的態度可以讓當事人恢復精神，但如果將不感興趣的事強加在他們身上，便會像下一個個案一樣，使得情況更形惡化。

—不太會念書的不良少年案例—

一名十七歲的少年因吸毒和飆車被送進了少年機關。少年個性衝動加上有學習障礙，基礎學力也不足。負責少年的教官是個非常熱心的人，希望可以為少年做些什麼來改善他的問題，幫助少年重新站起來。教官反覆指出少年的問題，指導他改進，除此之外，由於教官認為基礎學力不足也是問題之一，因此為了改善學力，也投入在國文和數學的學習上。然而，因為少年有學習障礙，成績總是無法盡如人意。一開始還很努力的少年漸漸地放棄了，對教官轉而變得反抗了起來。

因此，筆者向前來尋求協助的教官建議，不要太拘泥於念書這件事，去尋找少年感興趣或是擅長的事物，朝那一方面發展會比較好。此外，與其去指出問題，不如多試著點出當事人的優點。那名少年雖然不太會念書，卻喜歡畫畫和手工藝，於是教官改發一些手工藝的作業給他，像是油漆之類的工作。少年不僅做得很好而且很有耐心，他為單調的鐵門上畫上了充滿希望的藝術畫作。原本陰沉、總是低著頭、焦躁不安的少年，變得開朗、有精神又乖巧聽話。令人驚訝的是，他開始主動投入課業的學習，還通過了檢定考試。少年認真思考自己的行為，該怎麼做才是正確的。

我們常看到這一類的案例：越是認真的人，一看到問題點就越容易覺得必須給予指導與修正，但因為這樣做通常行不通，結果只會是反覆地遭遇挫折與失敗而已。當我們想以自己的期待與價值觀來打動對方時，對方往往不為所動，這時就必須切換想法。**不要把重點放在我們關注的主題上，而是要去思考對方關注的是什麼**。你是否無視於對方的興趣或是否尊重對方，會產生完全相反的結果。

想要與人建立對話、產生信任關係、採取有效的作為時，共享話題是非常重要的階段，與展開和突破息息相關。

—放下主導權的勇氣—

所謂的共享話題，並不是讓對方來配合我們，而是我們要去配合對方，主導權是在對方手上。當然，有時談話的內容最後會與我們原本的設想完全無關，可能有九成的對話都是在談論某個時期的事物，或者像棒球、動畫等主題。

個性太過認真、責任感強烈的人，可能會認為這樣做過於隨心所欲，好像會被對方牽著鼻子走，而無法給予指導，也對掌控權不在自己手中感到不安。也就是說，當對方照著自己的指示行動時，會認為對方是「好孩子」而安心，一旦跟著對方的步調走，就會因為不知道事情的走向而感到擔憂。

然而，在度過好像被對方的步調拉著走的一段時期後，往往可以看到大幅的成長。相反的，一旦太過於掌握主導權，對方便很難出現自發性的變化。想要讓當事人擁有主動改變的意志，就必須將主導權交還給本人。然而，如此一來，對平常習慣掌握主導權的人來說，在面對當事人時將會感到極度的不安。因此，我們必須去克服自己想要統籌一切的慾望，以及可能會失去控制的不安感。

當然，這並非指將所有主導權百分之百都交給對方，若是談話陷入亂無章法的狀態也不妥，還是需要維持大方向的主導權。不過，關於本來就該由當事人負責的部分，就應該讓本人確實地掌握主導權。如果連那個部分都由我們決定的話，便會阻礙了當事人的主體性，削弱了他的熱情和力量。因為由任何一個人代替當事人所找到的「正確答案」，對本人來說都不是「正確答案」，反而會造成混亂。

如前文所述，羅哲斯發現最能有效解決問題的談話，不是由治療者掌控主導權，而是由接受諮商的當事人手握主導權來展開的對話，因而確立了名為「當事人中心治療法」的方法。這個方法至今仍是最受人們廣泛採用的諮商原理。

─不要干擾當事人─

羅哲斯與後繼者所重視的，是盡可能不要干擾到談話對象的思緒，要幫助對方將想法和感受化為言語，讓交談能自然地展開。想要讓對方能暢所欲言，聽者要盡量不要多話。而當我們說話時，用的也不是自己的語言，而是要盡量使用對方的話語。

那麼以一名經常向大學請假說：「我沒有自信去學校。」的大學生來舉例吧。我們若是用「是因為上課很無聊？」這類的內容，以自己的道理和話語來做反應的話，不但顯現出沒有將心比心，也在掌握當事人狀況層面上有所落差。聽到這樣的回應，我想這名大學生可能會覺得自己的心情沒有獲得理解，認為發問者可能又要用他的那一套價值觀來批判或是說服自己，採取了防備的姿態，不會想要再進一步坦白自己的感受或是說明事情的原委，失去了商量的意願。

羅哲斯發現，使用如實回應本人話語的技巧，可以將這樣的落差縮到最小。以前面的例子來說，可以單純地照著學生的話依樣畫葫蘆地回應：「沒有自信去學校啊。」或是「你說沒有自信，怎麼說呢？」來進一步尋求說明。從頭到尾都要讓當事人自己來說，以本人的話語來引導談話。

這樣做能夠避免聽者將多餘的思考摻雜其中，並重視當事人的思考過程的方法十分普及，這是因為許多人發現，這樣的方式不僅可以讓談話對象恢復精神，還能有效幫助解決問題。其原理在於，根據經驗，大家深信最了解問題、知道解決方法的人就是當事人自己，當本人主動「發現」解決方法時，會產生最強大的決心與力量。再好的方法，一旦強行使用，當事人便會因為主體性遭到損害而拒絕接受，就算勉強接受，很快地也會遭遇瓶頸。本來是想告訴對方捷徑，結果卻走進了死胡同，雖然可以回頭再嘗試一次，但讓本人自己提出解答的方式，看似繞遠路，其實才是最快的捷徑。

實際上，好的老師或是優秀的父母不會教導孩子正確的解答，只會有技巧性地在尋找答案的過程中給予幫助，讓孩子自己去發現，藉此培育孩子的主體性。

不過，羅哲斯的方法與所有的方法一樣，都不是萬靈丹。面對容易產生混淆和比較無法觀照自己的人，有時會出現不順利的狀況。因此有可能越談下去，當事人反而越失去思考歸納的能力，而強化了朝向極端思考的情形。談話對象必須具備一定程度上的穩定，說話有條理與能夠觀照自己，才適合這種方法，否則，便需要其他的談話技巧。儘管如此，羅哲斯的方法仍有許多值得學習之處。

羅哲斯的方法不同於醫學方法，他提出了對於何種症狀始於何時的疑問，並探詢可能成為病因的事實；也不同於精神分析法，會請當事人說出關於孩童時期的經驗，尋找外傷經驗的痕跡。不論是醫學方法還是精神分析原理，都一致認為回溯、探求症狀原因，進而與解開原因和解決問題有關。解決問題的是診斷的醫生、分析的分析師，主體性是在醫生和分析師身上。

另一方面，羅哲斯的方法是善用談話的特性，藉由對話的兩個作用——提高安全感和獲得新觀點，來治療與解決問題。過程中要求的是本人的主體性，治療者只是協助的角色。

這項可稱為決定性的結構轉換，具有非常深遠的意義。為什麼醫學可以拯救人命，但在真正的意義上而言，卻不見得能讓人恢復精神呢？所謂的恢復精神究竟是怎麼一回事？面對這個疑問，可以說只有一個答案。

—體諒的力量—

前文已經提過，交談要順利，並讓談話擁有可以打動人心的力量，共享話題和尊重本人的主體性，是必須掌握的重要關鍵。在這裡，談話除了可以催生出主體變化之外，我還想要談談另一件重要的事。那就是共享心情，也就是同理心。

同理心擁有龐大的力量，羅哲斯也很重視同理心。實際上，也有研究結果顯示，諮商有三分之二的效果必須根據治療者能展現出多少的同理心。

給予對方「獲得理解」的安心感，不僅能提升他的安全感，還能讓對方恢復精神、產生改變現狀的熱情。發揮同理心不限於諮商時的特殊對話，也適用於平日的談話。一旦同理心不足，不論談話或是人際關係都不會進展順利。

無論對象是客戶還是家人，當因為瑣事而引起摩擦或是小問題演變成大問題時，首先對方會認為我們的態度是缺乏同理心。我們在工作上雖然會顧慮到客戶，但面對家人時卻往往採取隨意的態度。即使面對家人，只要平常能將同理心放在心上，便能擁有幸福和心靈富足的人生。

雖然土居健郎（日本知名精神科醫生、精神分析學家）說過，同理心就是「體察心意」。但近年來，我們知道，同理心是由「頭腦理解」的認知同理心和「心情理解」的情緒同理心兩個要素所組成。這兩者在大腦中的活動領域並不同，想讓談話變得更有效率，必須具備這兩種同理心。

對話能夠順利發揮提高安全感與改變觀點以解決問題這兩種作用，也是各自與兩種同理心相關。

只有頭腦理解，對方並不會感受到自己的心情獲得體諒。話雖如此，就算情感上得到同情，對於問題的解決也沒有多大的幫助，有時候反而會讓人更加混亂。因此，心情理解必須伴隨著冷靜的頭腦。

一旦自己的心意得到體諒，人們在感到安心的同時也會受到感動。這不只是因為獲得頭腦的理解，也是因為感受到情感共鳴而產生的情緒。當對話從共享話題進入到共享心情的階段時，彼此間生成的熟悉感就會深化為信任。

─引起變化的三大要素─

羅哲斯說，**引起變化的三大要素是「正確的同理心」**、**「非控制的溫暖」與「真誠」**。這三個要素表現出的接納氛圍，是解開心結以及激發想要改變的意願不可或缺的。實際上，營造這樣的環境氛圍，比任何一種治療技巧更能左右患者是否能夠好轉的關鍵。

這裡所說的「正確的同理心」，指的不是同情和過度移情到談話對象上，而是抱持一定程度的客觀與中立，正確把握對方的立場與心理狀態，體諒對方的心情。把對方的狀況重疊到自己身上、看成是同一件事，強行套上自以為是的解釋和偏差的理解，不能說是正確的同理心。

「非控制的溫暖」中的「非控制」，指的是不強迫、尊重對方自由的主體性。「真誠」則是指發自內心的態度。只是表面做做樣子，想要操控對方的態度，無法產生打動對方的力量。羅哲斯這麼說過：「我發現，如果我的一舉一動不像真正的自己的話，最後並不能給予對方任何幫助。」不是做做樣子，而是當發自本心，以真心的同理心相處時，便能產生最大的力量。

如果要用一句話來表現這三個要素，可以說這就是真正的同理心吧。這通常都是缺少了上述三要素中的某一項，或者全都缺乏。越容易受傷的對象，越能敏感地察覺到這一點。因為即使已具備這三個要素的人，一旦處於睡眠不足、身體狀況不佳，或是有其他煩惱、時間不夠充分的狀態下，就會顯得有所不足，使得談話變得尖銳，甚至引發問題。當感覺談話似乎哪裡不對勁的時候，往往是同理心沒有順利發揮的關係。

會發生一交談馬上產生摩擦、衝突，那麼問題狀況別說是好轉，反而會有惡化的情形，

—表達同理心—

面對談話對象，做好溫暖真誠、「體察心意」的準備非常重要。不過，若不能有效傳達，對方就無法確切地感受到被理解的心情。所謂的同理心，是一種心與心產生共鳴、相互回應的現象。我們以簡單易懂的形式表達回應，對方也會因而進一步產生回應，這樣的連鎖反應不可或缺。

也就是說，表現出同理心對提高彼此的同理心而言極為重要。因為就算內心再有共鳴，若是完全沒有表現出來的話，對方便會認為你不具同理心而停止交流，甚至可能開始緊閉

心門。

清楚地傳達出同理心非常重要，其中一個簡單的方式就是出聲回應，用表情和氛圍表現出你與對方有相同的感受。

所有優秀的心理治療師和精神治療大師們共通的觀念就是，聆聽時的關心與回應方式是高深且富含情感的。當人們在說話時，若能充分得到具有同理心的回應，往往會因為有人這麼熱情地傾聽自己說話，而有那種接近感動的心情。僅僅如此便能打動人心。

這與我們一開始所說的「傾聽的態度」有很深的關係。所謂的傾聽，不是單純聽聽就好，而是要設身處地體諒對方的心情，一面傳達自己的同理心一面聆聽，這是一種被動又主動，也就是回應的行為。

具有同理心的回應不論是在支持對方或是幫助問題朝解決的方向改變上，都是最強而有力的武器。同理心能給予談話對象安心感與勇氣。在具同理心的回應方法中，表達言語上的同理心和簡短出聲回應，這類非語言的方法同時並用也很重要。就像前文說的，不光是情緒上的同理心，表達認知上的同理心也很關鍵。因為幫助對方釐清內心的矛盾與對立，換一個角度來看，都可以促進問題的解決。

情緒上的同理心可以強烈地表現在我們的表情和聲調這類非語言的行為上。同時，在談話中補上「**你一路以來真的很辛苦。**」「**你能走到這一步，真的很厲害。**」這類的話語也非常重要。

在認知的同理心方面，重要的是藉由重複、確認、換句話說、摘要對方的說話內容等等，回饋我們對對方的話理解多少。若有理解錯誤或不夠充分之處，對方也可以進而做補充與修正。這樣不僅能讓聽者更正確地理解談話的內容，也能讓話者感受到自己的話得到充分的理解。

這一連串的方法淬鍊而成一種稱做「回映式傾聽」（reflective listening）的技巧。由於回映式傾聽是非常重要的談話技巧，接下來再稍加詳細地說明。

—什麼是回映式傾聽？—

回映式傾聽英文中的 reflective，是 reflect（反射、回映）的形容詞，意思是「反射的、回映的」。也就是說，所謂的回映式傾聽，指的是宛如鏡子般將對方的話反映出來的一種傾聽方式。有一些專書譯成「回顧式傾聽」，是有點不太貼切的翻譯。

羅哲斯發現，當事者本人想用自己的話主動開口時，是諮商最有效的時候。

談話時要盡量避免用我們的思考或指示來誘導對話，只給予具同理心的回應，反而更能促進問題的解決。

談話時，羅哲斯會原原本本地接受對方說的話，回應的時候，採用的方式也是依樣畫葫蘆式地重複對方的話，並摘要談話內容，向本人確認是不是這樣，嚴防闡述自己的意見與試圖使用對方沒有用過的關鍵字來說明事情。因為羅哲斯相信，不要用我們的語言，而是用話者本人的語言，能盡可能正確地反映出本人的思考與感受，不但可以給予話者同理心的支持，也能幫助他們回顧並加以整理自己的思考與感受。

聽者就像這樣化為一面鏡子，反映出談話對象的話語。

後來，許多臨床專家都認同這個方法的效果，羅哲斯的方法確立為一種技巧。然而，有段時期有些人淪為基本教義派，認為聽者不能有「反映」以外的回應，而過度拘泥於「反映」這件事上。羅哲斯自己也曾對這件事表達出擔憂。

所謂的談話方法，應該是更加自由的一件事。太過侷限在「一定要進行這樣的對話」，反而會剝奪談話的可能性。

實際上，對話時試著使用這個技巧就能理解，談話不可能只有「反映」。過度使用有可能會干擾談話的順暢度。很多時候，只要簡短出聲回應或是說出「哦」、「這樣啊」、「原來如此」這些話就已經足夠。不過，在重要的地方做「回映」，不僅可以精實談話內容、共享更正確的理解，也可以藉由這種像在重點畫線的效果，讓話者更能理出思緒。

聽者至少要注意盡量克制陳述自己的意見和想法，要增加傾聽的時間，能更容易地引起良好的變化。

接著我們來介紹反映式傾聽中必備的四個基本技巧。**①像回音般如實複誦對方的話語。②以換句話說或摘要式地回應「你的意思是～嗎？」來確認自己是否理解正確。③提出「～是什麼情況呢？」「你當時是什麼心情呢？」等問題，請對方詳加說明。④詢問「你是不是～呢？」來傳達我們體諒的心情以及推測的內容。**例如，「是不是因為媽媽那樣做，才讓你有被拋棄的感覺？」「你是不是有一點生氣？」藉由這些話，讓對方注意到自己難以察覺的事物，幫助他們將這些想法化成語言。

那麼，就讓我們實際體驗一下運用回映式傾聽的對話方式吧。

—「沒有人會關心我」的女性案例—

一名女子以絕望的口氣哀嘆：「都沒有人關心我，不管我做什麼都無所謂，只會惹人嫌。」當我們聽到這類負面的話語時，通常都會忍不住想反駁說：「沒有這種事啦。」然而，從當事人的角度來看，恐怕會覺得你連自己的怨嘆也不肯接受，實在是沒有同理心。

若使用回映式傾聽來回答會如何呢?首先：

使用①的技巧依樣複誦對方的話語時，幾乎就是忠實地照著對方的話來回映：「沒有人關心自己，只會惹人嫌是嗎？」在體諒對方心情的同時，將對方說出口的話忠實回映，不僅能讓對方覺得自己的心情有被好好地接納，也能藉由從別人口中聽到自己說過的話，能稍微客觀地看待事情。當聽到「沒有人關心自己」時，有可能會覺得就是那樣沒錯，同時也有可能會覺得剛才自己的發言是不是稍微誇大了些。然而無論哪一種想法，都是回顧自己話語的良好契機。

使用②換句話說或摘要的技巧時，以歸納重點式的說法來回應：「妳覺得不但沒有人重視自己，反而還否定自己，是嗎？」這個時候，將略微情緒性的字眼改為較客觀的表現，可以幫助對方整理情緒、重新冷靜地面對狀況。

若用③的技巧發問，請對方稍微再詳加說明時，便以「妳說沒有人關心自己，是什麼情況呢？」或是「妳會這樣想，是發生什麼事了嗎？」等問題，進一步地去探詢更具體的內容。當能藉由聽取更具體的內容，來跳脫模糊的印象或想法時，便能忠實地檢討事實。對「只會惹人嫌」的發言，也採用同樣的方式來尋求說明，同時可以更深入具體地了解事情。當我們在展現同理心的同時，如果能更加掌握到實際的狀況，這對聽者來說，不僅可加深理解，同時也能幫助話者整理出思緒，明白究竟發生了什麼事。

使用④的技巧推測對方沒有提到的心情或事實時，可以試著問：「這個時候，妳是不是覺得自己不存在比較好呢？」或是「是不是在這個時候，妳會想要暴飲暴食或是傷害自己呢？」藉由推測狀況與問題行為間的關聯，也能促進「覺察」。實際上，這個「覺察」是我們希望藉由給予間接的提示讓當事人自己發現問題，即便當事人當時沒有想到，之後也比較容易連結到的「覺察」上。

─辭掉打工的男性案例─

再舉一個例子來看。一直閉門不出的男子終於開始找工作，他找到了一份打工的工作。不過，兩個星期後男子辭掉工作。下面是他對這個情況的描述：

「我已經完全沒有自信了，再怎麼努力都沒有用，反正我就是沒有工作能力。人家也說我做事很慢。雖然我是真的很想振作，但是每天都讓人家這樣說也實在很丟臉。老實說辭掉工作後，我現在是鬆了一口氣。」

使用①單純回映的時候，根據回映的部分不同，效果也會有所差異。「再怎麼努力都沒有用是嗎？好像每天都被說做事很慢，所以覺得很丟臉對吧？」像這樣一個充滿負面發言的回映，只會強化陰沉的影響。雖然有時候為了讓談話對象接受自己受傷的情緒必須這麼做，但是在這個案例中，工作兩個星期後辭職，絕對不能稱之為失敗，不如說是一種很大的進步。強調負面的事實有可能會將事實扭曲成悲觀的看法，因此，在這種情況下，反而應該要著重在樂觀的部分。

「你很振作了呢。」可以只回映這個部分。對方有可能聽到這句話後會再多說一些每日努力在工作上的事。復述「現在鬆了一口氣。」的部分，可談談久違的工作成就感，或是決定辭職到執行的過程。藉由展開這樣的對話，或許能引出對方正面的看法。

在②換句話說或摘要的技巧上，更容易做這樣的加工調整。

「對於兩個星期後辭職這件事，你感到不滿，對嗎？」可以這樣摘要成一句話，也可以稍加詳細地簡述狀況：「已經隔了好幾年了，你有在認真努力地工作一陣呢。但是一方面因為已經隔很久再進入職場，加上工作上也有不如意的地方，所以決定辭職。儘管如此，你還是維持了兩個星期對吧？」

一方面體諒對方拚命努力的心情，和工作上不受肯定不得已兩個星期就辭職的懊惱；一方面回應對方，會覺得自己的心情得到接納而感動吧。受傷的心情可以因此得到平復，也容易恢復正面的想法。

若使用③加強說明的技巧時，可以用「你說鬆了一口氣，是什麼樣的心情呢？」來深入談話，也可以用悖論的方式對本人的既定想法提出攻擊問題：「你說已經完全沒有自信了，是為什麼呢？」藉此，或許可以讓本人發現自己把事情想得太過悲觀了。

用④的技巧提出推測時，可以回應：「對於兩個星期辭職這件事，你真的覺得很懊惱吧？

你希望可以維持久一點是嗎？」把重點放在懊惱上。或是「雖然是時隔好幾年的工作，但你原本期望自己可以做得更好對嗎？」像這樣點出過度期待的問題，讓對方注意到這件事，或許本人就能夠接受對這次工作的結果絕對不用太過悲觀。

無論是運用哪一種技巧，都是反映肯定面的例子。雖然反映式傾聽本來就應該像鏡子般保持中立的反射，但實際上很多場合卻必須刻意調整反射的方法，去做出強調肯定的回應。

—開放式問題重要的理由—

談話與傾聽同時發揮龐大力量，在回映式傾聽③和④的方法中分別使用到的技巧就是提問。提問不只可以加深與整理談話內容，在給予覺察和引起變化方面也是強力的武器。藉由問題引出談話豐富的可能性與變化的重點，運用的便是開放式問題。

開放式問題就是像使用「**怎麼做**」、「**怎麼會**」、「**怎麼樣**」這類語句，範圍廣泛的問題。與開放式問題相反的便是封閉式問題，這種以YES、NO來回答或是給對方選項來回答的問題。

問題的自由度越低，事情越容易照提問者的步調進行，少有脫軌的危險。想要蒐集資訊的時候，一問一答的提問方法比較有效率。不過，實際上封閉式問題問到的資訊容易淪於表面且缺乏內容，開放式問題得到的資訊內容遠遠要比封閉式問題豐富得多。

開放式問題之所以重要，不只是因為它能取得較豐富的訊息，也在於它更能引發談話對象的主體反應。回答封閉式問題時，談話對象成了被動的一方，受到提問方的觀點所束縛，難以說出發自本人觀點的話語。然而，回答開放式問題時，由於是用自己的話語來說明，談話也就能變得主動，而這正是談話之所以為談話的意義所在。

提問時要注意，千萬不能變成質問式的口氣。想要讓對方能自發性地開口，保障他的安全感是最重要的事。為此，要盡量避免使用「為什麼」、「所以呢」、「什麼意思」這類尖銳字眼連珠砲似的提問。關鍵在遣詞用字要柔和，讓回答方處在能夠自在回想的狀態。

─增加肯定的反應─

目前為止所提到的重要技巧有傾聽的態度、共享話題、尊重主體性、具同理心的回應，以及回映式傾聽與開放式問題。另外還有一項同樣重要的基本技巧，那就是肯定的反應。肯定的回應與同理心一樣能讓談話更加順暢。給予肯定反應的人能帶給周圍的人好感。比起說話嚴厲的人，多數人比較喜歡跟好說話的人聊天、相處。無論關係有多麼親密，多信賴彼此，只要一說出否定的話，對方應該都會感到生氣吧。否定的言論就是蘊含著如此傷人的危險。

更何況當彼此還不熟悉也缺乏信任關係時，若是遭到否定，不但會感受到強烈的羞辱和怒意，也不會想要接受對方的意見。

肯定的反應不只讓談話變得容易，還能給予對方力量、勇氣與自信。相反的，否定的反應越多，對方的熱情與能力都會下降，與你的關係也會惡化。

這是一件非常單純的事。肯定的反應不僅能提高對方的安全感，也能藉此提升自我效能，實際上也都能有優秀的表現。否定的反應會傷害安全感與自我效能感，漸漸地把人逼到了絕路。而為了逃離這種狀況，逼得對方只能選擇結束與你之間的關係。也就是說，談話對象將開始出現不信任感、反抗、攻擊與背叛。

透過增加肯定的反應，與談話對象的關係瞬間好轉的例子可說是不勝枚舉。儘管這是再單純不過的事，仍有許多人學不到教訓，不停地重蹈覆轍。這裡聳立著的是一面擋住人類的高牆，這些反覆的失敗或許是源自於人類進化的界線，也或許是來自所謂錯誤的學習。若是後者，則應該還有修正的可能。

—讚美的陷阱—

談話中增加肯定反應時，有一個容易落入的陷阱，那就是過度讚美。過度讚美就像貨幣發行過度一樣，發行越多越沒有價值，甚至會失去信用。

話雖如此，肯定的評價若是過少，相對地也會像市場通貨緊縮般，會減低對方的熱情與活力。與其如此，不如過度讚美的通貨膨脹反而還好一些。

稱讚的重點在於平衡，此外，也要注意談話對象的改變。而比起巨大的改變，細微的變化更重要。當細微的變化顯現徵兆時，能立即辨識並給予肯定的評價是很重要的，這樣才能確認變化的事實。若是好不容易出現了好的轉變卻沒有加以注意，還在對完全無關的事斥責，那麼好的轉變絕對無法確立。

有一點需要特別注意，肯定的評價可能成為強力的誘導，容易跨越中立，扭曲當事人的主體性，有時甚至會將事情誘導向異於當事人意願的方向。尊重當事人主體性，讓他自己做決定時，有時也要注意避免單方面地胡亂肯定。

舉例來說，期待孩子在運動方面有優異表現的父母或老師，常常會對孩子的運動能力給予肯定的評價；希望孩子在藝術或學業方面表現傑出的父母或老師，便會想要對關心的領域給予肯定的評價。這麼做的確很有用，但也有可能會忽略孩子本身所擁有的其他能力與可能性，使得他無法發展。

我們不應該以自己的期待來看待孩子，而應該以更高的視野、冷靜地看待孩子的興趣與特性，不是用作為的角度評斷，而是保持尊重孩子主體的發展，才能讓孩子的可能性發揮到最大。

也有當事人不希望主體性受到侵害、不喜歡受到誘導，對肯定的評價會抱持強烈戒心的例子。當遇到這種情況時，若能不過度地投入感情，直接地告知評價，將更能減緩對方的戒心，進而接受評價。

在這層意義上來說，若能從意想不到的人身上獲得預期外的評價，將能產生強大的動機與自信。

我自己也有過這樣的經驗。小時候不太會念書，上課的時候也常常發呆，總是在筆記上亂塗鴉。不過，有一天當我進入老師辦公室時，發生了一件事。老師們沒有注意到我進來繼續交談著，他們似乎正在談論哪個孩子將來很有希望之類的話題。我下意識地聽著老師們的談話內容，令人驚訝的是，有位老師提到了我的名字說：「我覺得那個孩子將來會有所成就。」由於那位老師經常罵我，所以當聽到他這麼說時，我真的有點被嚇到。這件芝麻蒜皮的小事，卻無形中令我產生了樂觀的希望與自信。我覺得自己應該要實踐那個「預言」，因此變得更加專注在老師的講課上。

話說回來，如果當初我聽到的是完全相反的「預言」，事情的發展又會變得如何呢？無論是肯定或是否定，所謂的評價，其實都擁有著能夠左右人生的影響力。這在我往後的經驗中，可以說一再地驗證。

想要持續地打動頑石，保持中立的立場、適當地給予肯定的評價非常重要。可以說，抱持肯定的態度，能讓一個人從最糟、最谷底的狀態中脫胎換骨、重新站起來，也是激發巨大改變的原動力中不可或缺的要素。

簡而言之，在否定評價下成長的人無法有所發展，許多的個案顯示連發揮到一半的能力都辦不到；而在肯定評價中成長的人，則容易獲得比原有能力更大的成果。然而，一旦個人想法太過強烈受其影響的話，難得的肯定評價可能會將未來導向死胡同。唯有能徹底地尊重主體性，維持給予肯定的絕佳平衡，才能產生真正的力量。

—畢馬龍效應與相信的力量—

所謂評價，是因為人們相信而成為力量。我們知道那是一股非常強大的力量，即使是幾乎完全沒有根據的評價，也能產生龐大的效果。這種現象就稱之為畢馬龍效應。

在一場以小學生為對象的實驗中，科學家沒有根據事前的調查結果，而是隨機挑選了幾名學生，並向老師傳達這些孩子將來很有希望。當一年後，再做一次調查時發現，這些被選為「將來很有希望」的學生，成績真的提升了。

對隨機挑選的酒精依賴患者，對他們表示說「復原的機會很高」後，這些被選上的一群人實際上真的提升了戒酒率，一年後的社會預後狀況也十分良好。

由於本人和周遭都相信「有希望」，因此實際上也帶來了良好的結果。所謂的「相信」，便是擁有這種實現的力量。

也就是說，對於擔任必須與人接洽的職務，需培育與協助他人的這類角色，最重要的能力可以說就是相信他人的可能性。相信一定會好轉、一定可以克服問題，實際上也容易產生好的結果。相反的，最糟的就是捨棄信任、評價，選擇了懷疑、否定，打從心底覺得對方改變不了而放棄。

「相信」是談話中非常重要的一件事。對談話對象保持敬意、相信對方身上的可能性、看見對方的優點來相處的人，容易從中引發良好的變化。

擅長把人朝良好方向改變的專家們都有一個共通點：會拋下所有負面的成見，以白紙的狀態和談話對象接觸，然後找出對方的優點，持續反覆地跟對方說：「你有很多的優點。」不只是反覆地說，還要持續相信那個人會往好的方向改變。如此一來，就真的會發生那樣的變化了。

打開心房法TIPS

- 最有效的對話方式是，盡可能不要去干擾對方的談話，幫助話者釐清他的思路。
- 所謂的共享話題，並不是讓對方配合我們而是我們配合對方，主導權是在對方手上。
- 最了解問題、知道解決方法的人就是當事者本人，當本人主動「發現」解決方法時，會產生最強大的決心與力量。
- 給予對方「獲得理解」的安心感，不僅能提升他的安全感，還能讓對方恢復精神，產生改變現狀的熱情。
- 同理心是由「頭腦理解」的認知同理心和「心情理解」的情緒同理心，兩個要素所組成。
- 情緒上的同理心：「你一路以來真的很辛苦呢。」「你能走到這一步，真的很厲害。」這類的話也很重要。
- 「相信」是談話中非常重要的一件事。對談話對象保持敬意、相信對方身上的可能性、看到對方優點來相處的人，容易從中引發良好的變化。

第二章

解決問題法

前面提過，談話有兩大作用，其一是提高安全感。為了提高安全感，我們舉了幾個有效的談話技巧：對談話對象表示敬意來傾聽、共享話題、肯定，以及表達同理心。

不過，談話還有另一個重大作用，那就是解決煩惱與對立這類的問題，來產生出新的變化。在這一個章節，希望可以探討出該如何透過談話順暢解決問題。

—事出並非必有因—

人生在世，都會面臨各式各樣的問題，要說人生就是與問題為伍也不為過。問題無法逃避，重要的是該如何解決一一出現的問題。這些問題往往都牽扯著複雜的要素，無法輕易得到正確解答。不僅如此，身處現在這樣一個問題接二連三的時代，人們還要求能夠迅速解決問題。要求迅速回答沒有正確答案的問題，這類嚴格又困難的事。

一般而言，解決問題最正統的方式是查明問題原因，然後去除原因以解決問題。醫學治療通常是根據這個模式。這個方法在可行的場合裡，是極為有效的應對方式。然而現實是，這種方法能解決的問題只占了全體問題的極小部分。世界上有成堆的問題不知道原因，很多時候，就算清楚原因也無法去除。

例如，某個上班族鬱鬱寡歡以及小孩無法上學的狀況，問題的原因是什麼？並沒有那麼單純。如果去看醫生，可能這個上班族會被診斷出罹患了憂鬱症，而憂鬱症就是原因。但真正的原因可能會是職場過勞或是受到不合理待遇。無法上學的小孩也是，就醫的檢查結果可能是適應障礙或是發展障礙，然而真正的原因或許是在學校遭受霸凌或父母的離婚問題。

即使想要治療憂鬱症，但再怎麼治療，如果職場上的待遇太過不人道，問題也無法解決吧。或者就算想處理小孩的問題，但只要是霸凌還持續或父母的夫妻關係沒有改善也無濟於事。

想解決小孩的問題，就算實施再多的心理治療也不太見效，但有的案例卻在精神不穩定的母親開始到醫院接受治療取得穩定後，小孩的問題也自然穩定了下來。有患有藥物依賴的女性在治療上反覆失敗，而當總是只會否定她的父親過世後，藥物依賴的情況卻獲得改善。

事出並非必有因。個案中的母親，也有可能是受到丈夫的暴力相向而罹患憂鬱症；而出現問題的父親，也有可能是受過去親子關係不睦的影響。因果的連鎖彼此糾纏，許多時候說不清誰是因誰是果了。

在這種情況下，查明並解決根本原因以改善問題的方法並不太管用，就算能大概推測出原因，也幾乎不可能從根本上改善。

即便性格有問題的上司是造成壓力的來源，但解聘那位上司後，也不可能完全治癒他的性格。儘管知道施虐的家長是在他們自己父母的虐待下長大，但事到如今也不可能修改他們的家族史了。認識問題的原因很重要，有時可以基於認識與了解而改變行為，但有時也有可能無法有任何的改變。

—什麼是焦點解決短期治療？—

總而言之，在有限的時間與資源下要解決傷腦筋的問題時，需要更簡單、短時間內可行，一個實際上更迅速有效的方法。

回應這個需求而出現的，就是「短期治療」（brief therapy）。短期治療百家爭鳴，各學派的方法與理論也有所差異。不過，近年來受到大家注目並擁有廣大影響力的，是名為「焦點解決」（solution-focused approach）的方法。焦點解決是由史蒂夫・笛薛茲（Steve de Shazer，一九四〇～二〇〇五年）與茵素・金・柏格（Insoo Kim Berg，一九三四～二〇〇七年），為主所研究改良的方法，也有人以這個工作團隊的活動據點稱他們為密爾瓦基（Milwaukee）派。

焦點解決的特徵就如同柏格所自述的一樣，比起追究為什麼會有問題，更專注在能不能順利解決問題上。也就是說，比起致力於接受對象因問題而生的傷心難過，更以解決問題為優先要務。

當初心理學界引入這個方法時，有許多人無法接受略過原因的追究，認為只要解決問題就好的方式。實際上，這個方法在已經習慣於醫學模式的精神科醫生中也不受歡迎。然而，近年來關心焦點解決的人不斷增加，其中的許多技巧也獲得臨床的採納。因為這個方法不但簡單實際，還能立即見效。

非常有趣的是，這個著重解決問題勝過面對問題的結構本身，反而可以促進問題的解決。

無論是何種問題，一旦開始發洩不滿與傷心情緒，然後去追究原因，悲傷與憤怒這些千仇萬恨的負面情感就會爆發：都是因為某人做錯事才會這樣、都是因為做了什麼才會發生這種事等等，當事人會轉向責備旁人或是自己，容易讓人情緒消沉、降低動力，進而強化了負面的思考。實際上，只要開始談論問題的起因，就會發生這樣的狀況。就算是在治療的過程中，一旦談到問題的原因，大部分的人表情都會變得陰沉，甚至常有狀態惡化的情形發生。

探究原因看的是過去。然而無論我們再怎麼追究，也無法改變過去。雖然它有被理解、接納的一面，但同時也會讓人只能在無力感與不合理當中感到茫然而自失。探究原因是個會讓人意志消沉、耗損精神，吃力不討好的工作。

與此相反的是，當我們投入問題解決時，會變得積極有精神，就算現在無法馬上解決問題，但當為了完成目標而開始做些事情時，人們便已經開始改變。解決問題是展望未來，而值得慶幸的是，未來有無限改變的可能。這比起對過去的事感到懊悔、討論問題原因等等更有可能獲得回報。

焦點解決便是將這種原理發揮到極限，略過探究原因的步驟，直接放眼於未來而非過去，所有的談話目標都集中在解決問題這件事上。

─所謂的解決問題是怎麼一回事？─

在解說焦點解決的具體方法前，我們先來思考一下，所謂的解決問題到底是怎麼一回事。人們為什麼會遇到煩惱、對立或是困難的課題？而又為何能夠解決這些問題呢？所謂的問題是什麼？解決問題又是什麼？

我們先舉一個單純的例子，想想看三角形的證明問題吧。為什麼這會形成一個問題？為什麼我們能解開這個問題呢？

三角形的證明問題之所以會成為問題，是因為人們無法一眼看穿解決的方法。不過，只要畫一條輔助線就可以看到方法了。也就是說，解決問題就是掌握看穿方法的角度。累積許多幾何學訓練的人，可以一瞬間就找到那個視角、看到答案。就某種意義來講，答案已經存在，只是看得到看不到而已。否則，根本就不可能解開問題。

當然，人生的問題遠比幾何問題要來得複雜多了，而且答案也不止一個。不過，有許多人也能解開這些問題。那是因為看到了解答，而解不開的人看不見。差別在於看得到解答與否。

若是幾何問題，就算解題的人看不到答案，也可以請擅長幾何學的人幫忙就可以看到了。然而，人生的問題沒有其他人能替代自己看到答案，只有當事者自己才看得到。這是因為唯有本人才知道問題的解答。本人比任何人都要清楚自己或是周遭的狀況，解答也存在於本人身上。找不到解答的人，只是因為受到各式各樣繁雜的事物所遮蔽，才沒有發現罷了。不是沒有答案，而是雖然答案近在眼前卻看不到而已。

所謂的焦點解決，就是要幫助談話對象發現那些沒有看到的答案。

—從迷宮出口開始回溯—

焦點解決為什麼可以輕易地在短時間內解決問題？或許可以說那就像從出口開始走迷宮一樣。大多數的迷宮都設計成若是從入口開始走，就會常常碰到死路，但只要倒著回溯，幾乎都是直直的一條路。人生的問題跟迷宮也很類似。

從現在的角度來看問題，常會被錯綜複雜的岔路分散了我們的注意力，難以看到正確前進的道路。然而，將視角移向未來，從那裡眺望時，答案便一目瞭然。這是因為重要的根本之道清楚呈現的緣故。

換句話說，就是從目標來思考問題。史蒂夫・笛薛茲對這種思考方式是這麼說的：「通往解決大門最有效的方法是，想像問題解決時當事人的行為會有何不同，會發生什麼不同於以往的事，去預想好的變化。」（《短期治療關鍵解決方案》，*Keys to solution in brief therapy*）

也就是說，解決問題最快的捷徑，便是描繪問題解決後會如何，將那個狀態下改變的事物變得具體。這與過去找出問題原因再解決的方法截然不同。笛薛茲將這個過程稱為建構解決（solution construcrion）。比起將目標放在解決問題本身上，更著重於建構解決，因為他發現這麼做最後能快速達到解決問題的目標。

—確立目標—

很多人會迷失方向是因為目標不清楚，而非不知道前進的道路。明明沒有明確的目標，卻能毫不猶疑地抵達終點，這根本是無稽之談。很多時候，知道目標卻覺得找不到方法，其實是因為突然設定了過於困難的目標，或是把誰都無能為力的事情認定為目標。焦點解決著重於確立能夠抵達的目標。就某種意義上來說，這個確立能夠抵達目標的過程，正是建構解決。

從開始談話的那一刻，就會經常反覆詢問當事人想追求什麼？想變成什麼樣子？現在能辦到的事是什麼？確立這些主題。

有一種常見的情形是當事人不了解自己追求目標的真正意義，認為消除眼前的不愉快就是解決問題。此時從本人的角度來看，常會覺得都是那些麻煩和不公平的事情落在自己頭上才讓自己痛苦。也就是說，把原因歸咎於外在環境，認為是它們造成了問題。對當事人而言，解決問題就是除掉這些外在原因，然而，這並不容易，會陷入無法解決的僵局。因為想改變他人或外在世界絕非易事。

那麼解決順利進行時，究竟會發生什麼事呢？

解決順利進行時會發生與前文截然不同的情形。也就是說，當追求的目標變得明確後，人們同時就會注意到，為了達成那個目標，只要自己改變，轉變和周圍環境的關係就好了。接著，當事人描繪自己該如何改變的藍圖會變得更加明確，而開始去摸索實現改變的具體方法。焦點解決就是要促進這整個過程。

在起步階段必須做的，就是訂定能夠達成的目標。目標也可以隨著狀況的改進而改變。

「你現在最想追求的是什麼呢？」

「你希望一年後的自己變成什麼樣呢？」

「透過這次談話，你希望掌握到什麼呢？」

「為了達到這個目標，你現在馬上可以辦到的事情是什麼呢？」

透過隨時提出這些問題持續確立當事人的目標，可以促進建構解決。

—如果沒有用，就做點別的事—

焦點解決還有另一個大原則，是採納有助於解決問題的方法，並持續運用；停止無益於解決問題的事，改做其它的事。比起理論上應該有效的方法，更著重於實際上是否有效，徹底奉行歸納經驗主義。

過程不順利的時候，不拘泥一方，要改變做法。找到順利的方法就維持下去，是焦點解決的基本。不會把時間花在哀嘆不順利、到處去找不順利的原因，只關心順利進行的部分，從中產生注意「例外」的態度，也就是注重例外成功的狀態。

焦點解決之所以重視過去的成功經驗，也是這個原因。因為在過去的成功經驗當中，理應有事情之所以發展順利的線索，同時也蘊含著讓當事人恢復自信與希望的力量。焦點解決是一種從頭到尾都積極向前的方法。

—初次耳聞的態度—

那麼，具體上應該展開什麼樣的談話呢？

雖然讀者可能被後面那些技巧性的提問所吸引，但焦點解決基本上和第一章所說的談話手法並沒有什麼太大的不同，最重要的基本原則還是傾聽。

失去傾聽的態度不但不能和談話對象建立信任感，也得不到資訊，最糟糕的是，無法引導出當事者的主體性發言。唯有主體性發言才能催生出變化，這也是焦點解決從羅哲斯確立的理論繼承而來的想法。

當傾聽順利時，希望大家務必把它放在心上的是「未知的技巧」，這是提升話者主體性時非常有用的一個技巧。意思是就算聽到的是早已知道的內容，也要採取「未知」、「初次耳聞」的態度。

不論是專業人士、家人還是朋友，在聆聽當事人說話時，常常容易擺出一副「我已經很了解你」的姿態。如此一來，就難以對當事人的主體性表示尊重。世上沒有什麼比談話時雙眼遭先入為主的觀念所蒙蔽，事先為對象下了否定的結論更沒有意義的事了。然而，就算是專家也會犯這種錯，囫圇吞棗過多的資訊是會妨礙傾聽的。

不是「我已經很了解你」，而是要以什麼都不知道、宛如白紙般的心情面對談話對象，這點非常重要。就算腦海裡突然閃過了某些訊息，如果在傾聽時以「我第一次聽說」的態度回應對方：「原來如此。」那麼將更有益於談話的發展。

—把話題集中在重要的問題上—

以焦點解決進行談話時還有一件重要的事，就是將話題帶向關鍵。與其全權交由話者決定談話內容，應該幫助話者將話題帶向更重要的地方。

若是時間充裕，有時就算本人說的是乍聽之下沒有關聯的事，給予回應仍有它的意義在。然而，在有限的時間裡想採取有效談話時，若放任話者離題或是迂迴不前，就談論不到重要的內容了。

想解決問題，就必須讓問題的樣貌浮現出來，必須確立出對當事人而言什麼是重要的事？誰是重要的人？有多重要？

焦點解決在談話時，會將主題集中在對當事人重要的事件與重要的人物身上。因為其中自然會浮現出解決的線索。

在這層意義上，如果當事人幾乎沒有想要解決問題的意願，就不適用這個方法。在這種情況下若是隨著當事人的步調會顯得過於急躁、空轉或容易遭到強烈的抵抗。然而，當當事人解決問題的心情很強烈時，這個方法便非常有效。就算不特意引導，當事人也會自動將話題集中到重要的問題上，非常配合且充滿幹勁。

在解決問題的意願尚在模糊不清的階段，要運用第一章談過的方法與第三章、第五章、第六章介紹的方法，在增強解決問題的意願後，交替運用焦點解決也是一種方法。

近年來，在考慮到這種情況下，即使是焦點解決也逐漸重視偏離問題本身的談話內容。從談論輕鬆的主題與興趣的話題中，探索當事人關心的事物和其價值觀，來建立信任感。

—同理心與慰勞很重要—

與傾聽一樣，同理心與肯定的態度同樣重要。這種態度表現在稱讚與慰勞被受到重視，是一種稱為讚美（compliment）的技巧。讚美這個說辭雖然有種說好話的感覺，卻不可以淪為口頭上的空談，而必須立基在現實的同理心上。這點也是承襲羅哲斯的傳統。

讚美的技巧除了直接稱讚或慰問對方的辛勞與努力外，也有一種方法是運用問題：

「**你是怎麼發現這件事的？**」

或是：

「**你當時是怎麼辦到的？**」

藉由這樣的提問，當事人不但感受到自己獲得評價，也透過回答，能強化理想的行為與思考模式。這是下一章要介紹的動機式晤談法中經常會使用到的技巧。

此外，更不用說與同理心密切相關的非言語表現有多重要了。行為舉止、表情、氣氛等傳達出的訊息都比語言能表達的還要多。若是只顧著技巧，輕忽這些基本原則的話，談話便會淪為紙上談兵，對方也會覺得聽者不了解自己的心情。

—回饋關鍵字—

羅哲斯的談話方法著重的是基於開放式問題與回映式傾聽的回饋。因為這樣在一面引導主體談話的同時，對整理思緒也很有幫助。

焦點解決也是盡可能採用開放式問題，藉由詢問「**怎麼樣**」、「**怎麼做**」、「**怎麼會**」這些高自由度的問題，引出豐富的主體話語，再加以整理地回饋給對方。

不過，回饋的方法不像回映式傾聽那樣如鏡子般地忠實回映話者的話語，而是採用更加簡潔、高自由度的方式，只在重點的地方做回饋。

重複話者的話語時，以關鍵字部分為主。要重複關鍵字句，並詢問對方是什麼意思。

例如，當面對「真是夠了、好過分、每次都這樣、我不想忍了。」這樣的發言，如果在意「每次都這樣」的部分，便可以用帶著驚訝的疑問重複說：「每次都這樣？」或是「**你說『每次都這樣』，是什麼樣的情況呢？**」要求再多做說明。

在焦點解決中，換句話說和摘要也同樣是重要的回饋。摘要時，注意不要干擾當事人的發言，換句話摘要即可。

摘要有個作用是可以透過整理、客觀地看待問題，讓頭腦更容易冷靜思考。不只話者可以冷靜，也能達到讓聽者冷靜的效果。當持續性單方面地吸收狠毒的話語時，不但聽者會變得鬱悶，聆聽的態度也會產生微妙的影響。此時，透過摘要：「**稍微整理一下你說的話，你的意思是～嗎？**」也可以強化聽者客觀的角度。

──一般化技巧──

此外，還有一個經常使用的回饋技巧，稱做一般化。這裡說的一般化指的是「不特別，以平常心看待」。相較於發揮同理心，這種技巧採取的是更加中立的態度，能平靜地傳達出客觀冷靜的看法。一般化可以避免談話對象變得過度情緒化，幫助大家重新冷靜面對狀況。

下面就以拒絕上學的兒子對母親暴力相向，讓母親十分傷心、激動的情形為例。此時，就算發揮同理心和母親一起投入強烈的感情漩渦中，也只是讓問題離解決更加遙遠。因為此時母親太過投入問題，無法朝建構解決的方向前進。面對這種情況不如乾脆地說：「**在拒絕上學的小孩狀況中**，對父母有暴力行為**是很常見的事。**」雖然要有同理心，但採取不太強調事件本身的態度，較容易切換母親的角度。當我們表現出這樣的反應後，一直緊握手帕、傷心不已的母親也會驚訝地抬起頭看著我們吧。此時，再接著立刻說：「**一直傷心也不能改變什麼。我們一起想想該怎麼做才能解決問題吧。**」如此便能進一步促進視角的轉換。

—表現疑問、發現與驚訝—

在經常給予對方衝擊、促進覺察與變化的回饋技巧中，有一種方法是表現出疑問或驚訝。有些事對當事人來說是天經地義，但從第三者的眼光來看卻非理所當然。讓當事者發現這種落差，知道有不同於自己的看法存在，將會成為觀照自己的契機。

例如，以「**看樣子你很不滿意呢，為什麼你會**這麼介意媽媽**呢？**」以這樣的形式提出問句。用「**什麼？原來是這樣。**」來表達驚訝也是一種方法。

此外，指出對方沒有注意到的矛盾或是言行不符的地方也很有用。這個時候，必須注意提問的語氣不能有責備的感覺。例如，用「**我可以稍微說說我發現到的一件事嗎？**」或是「**我之前就有一個很在意的地方，可以說說看嗎？**」用這樣的話引起對方的關心。以不帶強迫、謹慎客氣的說法會很有效。接著繼續以「**我發現你好像會～呢，你自己覺得呢？**」來表達發現，會馬上引出當事人的回應。由當事人自己談論事件，可以促進自覺與變化。關於這個方法，會在第四章修正認知法時詳細介紹。焦點解決雖然沒有深入到認知問題的程度，但這樣的表現方式，對於讓當事者發現解決問題的障礙有可能就在自己的周遭是十分有效的。

—利用問題促進覺察—

不過，比起前面那種直接指出問題的方式，焦點解決最擅長的是藉由提出問題讓當事人自己發現到那件事。

以一個認為大家都在排擠自己的上班族為例。他傷心地述說被孤立的情形：「沒有人想和我說話，大家都一副冷漠的樣子。有時候我跟大家打招呼，還會很明顯地被忽略。每天都如坐針氈。」

面對他或許可以這麼問：

「你覺得如果改變自己哪個地方，狀況會改善呢？」但是，提出這樣的問題經常會引起對方的排斥，覺得錯不在自己而是周遭的人，自己沒有必要改變。就算克服了排斥感，當事人只從自己的角度來思考也很難出現好主意。

因此，稍微在問題上下點功夫，換個方式這樣問，情況會如何呢？

「如果問周遭的人該怎麼改善目前的狀況，你覺得他們會怎麼回答？」

面對這個問題，有人可能會答不出話來，也有人可能會覺得這真是個怪問題而感到困惑。但是，如果是真心想解決問題的人，會想認真回答這個問題。與先前的問題相較，因為視角從自己轉移到了周圍身上，所以較不容易引起當事人「我明明沒錯，為什麼一定要我改變」的排斥感，比較容易從中想到好方法。當事人會透過回答的過程發現自己正在回答自己需要的答案。

下面的提問形式在焦點解決中也經常使用。

「**假設這個狀況已經徹底改善，此時去問**周遭的人**原因，你覺得他們會怎麼回答？**」

或是：

「**假設這個狀況已經徹底好轉了，你覺得你會對**周遭的人**採取什麼樣的行動呢？**」

這類的問題具有讓當事人發現「存在於解決狀態中，現狀卻缺少的要素是什麼」的效果，那些因素可能是自己而不是周遭。

藉由重新認識自己也有一些問題後，進一步發現可以透過自己的決心與努力，改變原本覺得是周遭環境關係而無能為力的狀況。領悟到這樣的典範轉移，正是解決問題的捷徑。這是前面提到過的從迷宮出口回溯的典型方法。

焦點解決最大的特徵是運用問題來當最主要的武器。藉由設計問題促進談話對象的覺察與變化。不習慣的人或許會對這些問題產生刻意要技巧的印象，但這個方式確實擁有巨大的力量。

──拾起正向的話語──

為了加強解決問題的正向態度，只要聽見當事人稍微正向的發言，就要敏感地回應、強化、加深那些發言。

當出現的不是傷心責怪等消極的話語，而是想解決問題的意志、為了解決問題思索該怎麼做、解決問題之後將來想做什麼、過去的成功經驗等正向發言時，要立即拾起這些話給予回饋，朝建構解決的方向走。

為了達到這個目標強力有效的手段，畢竟還是提問。只要對方一出現積極正面的發言，便立即接收，複述、重複提問，藉由這些方式將當事人的正向思考變得更為具體有力。

以想要工作卻沒有付諸實行的年輕人為例。「雖然想做些什麼，但每次一到關鍵時刻，身體就無法動彈。我已經習慣了。」當年輕人這麼說的時候，首先要注意的是對於「身體就不動」或是「我已經習慣了」，這類負面的言行或辯解不要做出反應，而是要著重在「想做些什麼」這類正向的話語上。可以先表現出驚訝的表情，再提出「怎麼會」、「怎麼做」的疑問也是一種方法：

「原來你有想做些什麼啊。你之前說過什麼都不想做，**現在怎麼會這樣想呢？**」

其他像是：「**你說**你想做些什麼，**是指什麼呢？**」也可以讓對話變得更為具體。

焦點解決是要強化、增加以解決問題為目標的解決式談話（solution talk）。如前所述，因為這樣可以提升談話對象的自信與動力，讓問題更容易解決。

─評量問句─

要拾起積極解決問題的心情並予以強化時，一個重要且經常使用的技巧就是評量問句。這在之後的動機式晤談法等方法中也會加以運用。

詢問談話對象關於現狀進行的順暢度、想積極解決問題的心情、達成目標的自信等內容，是處於0到10之間的哪個階段。

「**如果用0～10來表示進行的順暢度，你覺得目前大概是幾分？**」

「**如果用0～10來說明想解決問題的心情，你覺得現在是幾分？**」

「**如果用0～10來表示解決問題的自信，說說看你覺得現在是幾分？**」

透過以客觀的數字表現，不管是本人還是我們都能以更清楚明瞭的形式共享當事人的內心狀態。

評量問句的重點是，要經常給予對方正面的評價。就算答案是2或3，絕對不能做出「怎麼那麼低！」的反應，反而應該驚訝為什麼不是1而是2或3，透過詢問：「**為什麼不是0或1，而是3呢？**」讓本人說出自己想尋求解決的心情，並加以強化。

如果對方之前說3，後來變成4時，要問怎麼會產生這樣的變化。透過回答問題，可以讓那個變化更加明確。

還有一種活用評量問句的方法是將評量的數字對應到具體的目標上。

假設當對方回答目前的情形是3的時候：

「**那麼，10分是哪種狀態呢？達成什麼事你會給10分呢？**」

透過這個問題，幫助對方確立自己追求的目標。

接著再進一步問：

「**那麼，8分是哪種狀態呢？做到什麼事你會給8分呢？**」

以這種方式，讓談話對象具體描述各階段，然後再問：

「**那麼，如果要往上一階到4，達成什麼事你會給4分呢？**」

藉由回答這個問題，往上一步的達成課題就清晰可見了。

「**10分是終極目標。為了達到10分，必須一步步前進。從你剛剛的話裡，感覺可以稍微看到先從哪裡做起比較好，你覺得呢？**」

評量問句還有一種廣為人知的使用方式，那就是以詢問依賴度的評量問句如：「**如果用0～10來表示（在解決和應對問題上）依賴他人的程度／（自己可以辦到的程度），你覺得現在是幾分？**」讓談話對象發覺自己有多麼依賴周圍環境，進而引導出積極的承諾。

—以假設突破抗拒—

然而，越是困難的個案，當事人越容易動搖。當想要加速解決問題的步調時，便會出現抗拒。此時容易加深當事人的矛盾，甚至出現緊抓反方向發展不放的心情。

以剛才的例子而言，身體不動也是抗拒變化的一種表現。就算單方面加強「想做些什麼」的心情，當事人心中仍會殘存著「不可能改變這種狀況」的想法，甚至可能強化這種想法。

下一章我們將學到的動機式晤談法，會透過正面面對矛盾來克服抗拒。然而，焦點解決會略過這點，用截然不同的方法來解決問題。前述所提，要運用從迷宮出口回溯的想法，就是焦點解決經常使用的「假設～的話」的技巧。以前面的個案為例，可以這樣詢問對方：

「**假設身體變得輕盈，漸漸可以行動的話，你會想做什麼呢？**」

對方有可能回答：「嗯，可以那樣行動的話，我會想找工作。」也有可能回答：「那樣的話，我也會想去旅行耶。」不論是哪一種，過去無法說出口的願望將變得更輕易說出口。

如果出現想找工作的話語，可以像下面的句子一樣，拋出驚訝與「怎麼會」的問題：

「我以為你完全沒想過要工作呢，怎麼會這樣想呢？」

對方在這裡可能就會說出「過去我的內心是想找工作的」，以及「反正不可能所以決定就不要想了」。

為了進一步消除抗拒，要繼續拋出「假設～的話」的問題。

「**假設**能工作的話，**你覺得會發生什麼事情呢？**」

「**假設**能工作的話，**你覺得和現在的自己會有什麼地方不一樣呢？**」

「**如果**能工作的話，**你覺得是因為有什麼地方改變了呢？**」

透過詢問這些問題，讓當事人描繪從前不去想的那個更加理想的自己。藉此刺激、放大、確立、加強他對未來的展望。

有時當事人的抗拒感可能會抬頭，或是產生從假設跌落到現實的心情。

「就算是假設……但反正面試一定會被刷掉啊。」對方可能因為沒有現實的自信而抗拒描繪遠景。

這個時候可以退一步，重新拋出問題：

「你沒有面試的自信是嗎？不過，假設通過面試了，我們去問面試官你通過的理由，你覺得他會怎麼回答呢？」

「如果通過面試的話，你覺得會和過去的自己有什麼不同呢？」

就算花點時間，但只要對方開始思考、回答的時候，便是突破一層心理障礙了。

—奇蹟問句—

這種假設問句的極致，稱做奇蹟問句（miracle question）。這是茵素・金・柏格最先開始使用的技巧。以動機式晤談為首，這項技巧獲得各派心理治療與教練的採納，受到廣泛的運用。

所謂的奇蹟問句正如字面上的意思，就是假設發生奇蹟，在問題解決的基礎上，請當事者談談當心願成真時，會發生什麼事的技巧。

這個方法在引出本人變化的熱情和變化所需要的事物上非常有效，有時候也會真的引起「奇蹟」。

例如向無法戒掉毒品的人提問：「如果發生奇蹟，可以和毒品了斷的話」，此時要讓當事人聚焦的不是「會有什麼改變」，而是「什麼改變了，才變成奇蹟」。比起問：「**如果發生奇蹟～的話，你覺得會有什麼改變？**」不如問：「**如果發生奇蹟～的話，你覺得是和什麼改變有關呢？**」這樣的問題會讓當事人發現所謂的改變，不是周遭改變而是自己改變，也能讓他自覺到什麼是改變所必要的。

想發揮奇蹟問句的效果，使用的時機和方式很重要。光憑賣弄技巧，談話是不會順利的。在設身處地感受對方絕望的心情後，提出這個問題很容易產生起死回生的逆轉效果。

此外，為了成功吸引對方的興致，在引導話題方面，也必須多花點心思與鋪陳。

例如，下面是常用的鋪陳：

「稍微想像一下，你下定決心要實行今天說過的這些事，回到家裡，今晚好好睡了一覺。接著奇蹟發生了，所有你面臨的問題都解決了。天亮後沒有人知道奇蹟已經降臨，你也不知道。你覺得你會怎麼知道發生奇蹟的呢？最先發現的會是什麼徵兆？」

對於這個問題，患有毒癮者可能會回答：「應該會覺得身體比平常還要輕鬆，晚上睡得很熟吧。」

「其他還看到什麼徵兆呢？」

「可能就不會想到吸毒，會思考別的事情吧。也許會想像以前一樣動動身體，或是思考工作上的事。」

「其他還會從什麼事情上注意到發生奇蹟了呢？」

「出門或是看手機的時候，也都不會想到毒品吧。不如說應該會發現自己很厭惡毒品。就算看到藥頭的手機號碼，也只會覺得很火大，然後想要刪掉除之類的。」

透過這樣的談話，更容易具體描繪解決問題所呈現出的狀態與願景。

另一方面，「如果發生奇蹟～的話，你覺得會有什麼改變」型的問題也有他的作用。這個問題能夠消除抗拒感，讓話者可以輕鬆地回答，幫助當事人想像改變後的自己，強化想改變的心情。由於不太需要技巧，初學者也能輕易地運用。

對一直受困於現狀、思考停滯不前的人而言，藉由「奇蹟」這種設定解開現實的束縛後，過去那些認為不可能而壓抑的各種願望，和想要實現的目標，也變得能輕易說出口了。而其中，往往包含了達成目標所需的線索要素。

被問到「如果發生奇蹟，能夠戒毒」的女性說了以下這些話：「那樣的話，就能享受一直以來不能享受的樂趣，也會對流行或是料理之類的事情感興趣，可以去瞎拚、看電影、去旅行等等。因為嗑藥之後，我對這些事就變得完全不感興趣了。而且，我覺得改變最多的會是和家人之間的關係。會變得更相信他們，可以不用躲躲藏藏或說謊，可以不背叛他們、傷害他們。那樣的話，心情不知道會有多平靜。」

這樣的問題成了一個契機，讓當事人能夠將一直以來存在於心中，卻被壓抑的念頭說出口，並活化了這個念頭。

—不配合假設性問題時—

不過，奇蹟問句並非對人人都有效。面對這種技巧性的問題，當事人有時候也會出現抗拒反應的回答：「去想那種不可能的事也沒有意義。」或是「我不知道。」不肯配合想像。其中可能隱藏著拒絕思考自己未來的因子。

假設提問不順利時，常常是在彼此尚未建立關係的階段，一味對成果求快的結果。就算技巧跑得再前面，對方也無法跟上。此時，應該先把焦點放在對方感興趣的事物上，發揮同理心傾聽，以建構信任感為優先目標。在這層意義上，即使遇到抗拒反應也不要執著，退一步改變應對方式才是聰明的做法。

事先詢問：「你是想像力豐富的人嗎？」或是「我想問一個需要稍微運用到想像力的問題好嗎？」讓對方先做好心理準備也是一種方法。

—關係問句—

焦點解決還有一個重要的技巧叫做關係問句，是含括當事人的重要他人（父母、配偶、小孩、情人、同事、朋友等特別重要的關係人）提問的技巧。例如：「假設工作的話，你覺得會有什麼改變呢？」這樣的問句並不包含關係的存在，變成「假設工作的話，你覺得和母親的關係會有什麼改變呢？」「父親對你的態度會有什麼改變呢？」這樣的問題就是關係問句。

運用關係問句可以讓問題的本質更輕易地浮現，更加快速地看到解決之道。人們面臨的問題不同於幾何問題，必定關係著重要他人。就算是賭博負債，會變成那麼嚴重的問題，都是因為牽扯到其他人的緣故。

相反的，解決問題的線索也在其中。只把問題看做是因為沉溺賭博而負債累累，就不難找到解決方法了。刻畫出因為沉溺賭博和家人相處的時間變少、因為負債家人很辛苦的狀況，才有機會解決問題。

「假設你成功戒賭，你覺得太太和小孩會對你有什麼看法？」「你覺得你跟太太和小孩的關係會有什麼樣的改變呢？」「如果發生奇蹟，債務全都還清了，你有想為太太和小孩做的事嗎？」

重要他人在句子中有時候是主詞，有時也會成為受詞。關係問句是放大、強化解決問題願望的重要手段。

─注意例外─

焦點解決這個方法將探究原因擱置一旁，將解決問題的結果列為優先考量，並以實用性為本位。就某種意義上而言，不論什麼方法，只要有助於解決問題便採用；相對地，就算那個方法是基於多麼厲害的理論，只要沒有用便捨棄。實際的建構解決也是在嘗試錯誤的過程中進行，整個焦點解決就是在那樣的嘗試錯誤中累積經驗而成的方法論集合。我們可以說，焦點解決擁有不斷嘗試錯誤的本質。

由於狀況和對象不同，應對的方法也有可能改變，因此同一套方法不是永遠都有用。也就是說，世界上沒有可以適用於所有情況的一般方法。只要對當事人而言有用，那就是好方法。焦點解決中最能代表這種觀念的，便是重視例外這件事。焦點解決會注意例外，朝建構解決前進。

就算整體狀況不好，仍有例外好的時候。焦點解決注意的就是這種例外情境。

現實生活中有壞日子也有打起精神的日子是很常見的事，但是人們常常因為好事後面接連發生的壞事，而消除了對好事的記憶。焦點解決不將偶爾看到的良好狀況視為單純的例外或是「僥倖」而否定它，而是把它視為展現好轉機會、掌握希望關鍵的狀況。

良好情境不限於現在，若是當事人過去有順利的時期或是成功經驗，便聚焦過去。

「你覺得當時為什麼會順利呢？」

「你覺得當時和情況糟糕的時期相比，有什麼不同呢？」

透過這種問題，可以找出幫助生活順利的事物，同時也能讓當事人想起自己擁有順利生活的能力與可能性。當人們不順遂時，常容易將人事物都往壞的方面歸類，認為世上所有一切都不順遂，也因此失去了自信，覺得自己沒有面對、解決問題的能力。

有過哪怕短暫卻美好的時期，可以讓當事人了解並非一切都很糟，以及實際上真的存在著面對問題、跨越障礙的經驗。這樣能讓對現狀感到一片黑暗的當事者取回希望的光芒。

—因應問句—

當談話對象對自己的能力與問題解決能力感到悲觀時，改變這個看法而使用的便是因應問句。對當事人微小的進步或是過去的成功經驗這樣問：

「你當初怎麼辦到的？」

「你以前怎麼能順利面對問題？」

「可以跟我說說看順利面對問題時的情形嗎？」

透過這類問題，讓當事人想起自己實際上成功應對的經驗，此外，也能讓對方思考達到目標需要的是什麼。

以這種方式促進問題的解決，一面摸索方法，一面讓談話對象取回自我效能感也很重要。

─朝解決式談話前進─

隨著談話的深入，建構解決過程的進行，悲觀地述說著煩惱、不滿的人，也會開始提到對將來抱持的希望或是想要怎麼做的願望、該怎麼解決比較好的具體方式，或是一定要解決問題的決心。

一直困在煩惱與不滿等負面問題的談話，稱作「問題式談話」；與此相對，談論關於解決問題的正面期待和預測、方法、決心的，稱作「解決式談話」。

當問題式談話很多時，代表離解決問題還很遙遠，而隨著接近問題解決，解決式談話會逐漸增加。問題式談話有著讓本人消沉、降低自信與熱情的負面作用；解決式談話則是擁有讓本人變得開朗積極、提高自信與熱情的作用。所以我們可以說，增加解決式談話而非問題式談話，與轉化正面心情和引導出解決之道密切相關。

傳統諮商會接納問題式談話，等待當事人從中產生出解決問題的主體動力和決心；焦點解決則是透過積極促進解決式談話，期望在更短的時間內引起效果。當問題根源沒有那麼深或談話時間有限時，與其深入問題式談話引起情緒和動力低落，不如在最糟的情況中結束對談，以達到與時間相符的成果為優先的焦點解決，可說是更為實際有用的方法。

儘管如此，當問題根源很深或是當事人傷得很重的時候，要想單單引導出解決式談話不太可行，就算成功引導也容易淪於表面。儘管當事人表現出正面的舉止，但本質別說沒有變化，還可能做的事和說的話會天差地遠。不可否認的是，面對這樣困難的個案，必須花費相當的時間持續接受問題式談話，徹底顛覆負面情感，否則便無法連結到真正的解決式談話。

不過，就算是這樣的案例，為了避免徒然延長膠著的狀態，實行鏡射和肯定的反應來增加解決式談話也很重要。只要解決式談話漸漸增加，朝更加具體的計畫執行前進，也就可以連接到解決現實的問題。

雖然解決問題的成敗往往被認為在於執行階段的順利與否。但只要實際幫助過受挫的人就知道，解決問題多半與將想法轉移到行為的過程相關。只要問題的解答確立，接下來只是時間與努力的問題了。當然，雖說情況會因人而異，但在真正意義上的解決問題，只要能開始進行，那麼在執行階段所遇到的挫折相較之下大多能輕鬆跨越。到頭來，能否下定明確的決心，將強烈左右著解決問題的成敗。

解決問題法 TIPS

・認識問題的原因很重要，有時可以基於認識了解而改變行為，但有時也有可能無法有任何的改變。

・投入解決問題時，會變得積極有精神，就算現在無法馬上解決問題，但當為了完成目標而開始做些事情時，人們便已經開始改變。

・人生的問題沒有其他人能代替自己找到答案，只有當事者自己才看得到……不是沒有答案，而是雖然答案近在眼前卻看不到而已。

・「你現在最想追求的是什麼呢？」「你希望一年後的自己變成什麼樣呢？」「透過這次談話，你希望掌握到什麼呢？」「為了達到這個目標，你現在馬上可以辦到的事情是什麼呢？」透過隨時提出這些問題持續確立當事人的目標，可以促進建構解決。

・想解決問題，就必須讓問題的樣貌浮現出來，必須確立出對當事人而言什麼是重要的事？誰是重要的人？有多重要？

第三章

觸動人心法

—煩惱的根源存在著矛盾心態—

人一旦陷入煩惱便無法行動。無論再怎麼有能力和行動力的人，遇到這種情況都只能雙手投降，能力和行動力也都會變得低落。這是因為人在煩惱時，會處於喪失方向感、不知道該往哪裡走才好的狀態。

當陷入煩惱迷惘時不管往哪個方向，都各有各的道理，難以取捨。這是因為煩惱和迷惘的根源是跟著不知該如何選擇的兩難困境（矛盾心態）。煩惱的本質可以說正是這種矛盾心態。煩惱越深，矛盾心態就越強。

所謂的矛盾，就是內心同時有兩種相反心理的狀態。會在愛妻子（丈夫）和迷戀外遇對象這種相反心理間搖擺的，就是人類這種矛盾性的生物。矛盾織就人生的花樣，卻也是名為煩惱的花樣。

當人們面臨不知該選擇哪一條路、無法獲得明確結論時，會覺得很鬱悶。在著名的美國小說《飄》裡，女主角郝思嘉為了不知道該愛充滿魅力、危險氣質的花花公子白瑞德，或是穩重誠懇的男子衛希禮而煩惱，雖然她選擇了和白瑞德結婚，卻馬上對自己的選擇感到後悔。

為什麼郝思嘉找不到正確的結論呢？那是因為她在某個面向上愛著白瑞德，同時在另一個面向上愛著衛希禮的緣故。她受白瑞德的勇氣和行動力吸引，卻又討厭白瑞德的傲慢與任性；另一方面，她喜歡衛希禮的親切與奉獻精神，卻討厭他膽小和女孩般軟弱的地方。不管哪一方都有優點也有缺點。應該愛這個男人還是該愛那個男人，對大多數的女性而言是個重大的問題，也是矛盾心態的一種例子。

在很多的狀況中都可以看到矛盾的心態。學生煩惱該選擇升學還是就業，酒精依賴和柏青哥成癮的男性猶豫著是否該放棄自己的樂趣，工作始終沒有成果的人思索是否該改變做法。

大部分的人因為抱有某種矛盾心態，因而使得決斷力和行動力變得遲鈍。反過來說，正確了解自己的矛盾心態與產生更加強悍的決斷力和行動力密切相關。

—你對矛盾了解多少？—

談話經常擁有重要的意義，是因為它存在於讓人們改變的場合裡。然而，就算再怎麼苦口婆心，很多時候對方別說是改變了，反而會出現排斥感，使得情況更加惡化。也有很多時候是本人喪失自信、自我放棄或是害怕改變。

該如何做才能讓完全喪失自信與熱情的人，重拾想要改變的心情呢？能夠順利打動人心的方法和遭到反抗、結果適得其反的做法又有什麼差異呢？

答案恐怕與有多了解人類這種生物的矛盾性有很深的關係吧。雖說擅於與人相處和不擅相處的人，雖然還有其他相關因素的存在，但其中最重要的因素之一，就是你有多了解人類的矛盾，和有多理解對應矛盾的方法。

人心問題不同於數學問題在於數學裡A就是A，但是心理問題中A是A的同時，也是負A，這是非常普遍的事。人們心中同時存在想做某件事卻也不想做某件事的心情，喜歡某人又討厭某人的心情一點也不稀奇。同時擁有想改變也不想改變的心情，覺得自己辦得到又覺得自己辦不到的心情，也是理所當然的。

先岔個題，有一次我對大學的研究員演講，主題是關於本章將介紹的克服矛盾法。讓大家實際執行體驗後，有個印度研究員興致勃勃地發表感想說這正是佛陀的教誨，讓我印象深刻。我們或許可以說東方的智慧對這種矛盾（ambivalence）有很深的洞察理解吧。

只要其中一方的心情占八、九成，人們便不會那麼猶豫，進而能做出決定、行動。儘管如此，一旦過度壓抑那剩下的一、兩成心情，便會發生當事人突然間做出意想不到的行為，將一切翻盤的情況，而這就是人類。所謂煩惱的狀態，就是有強烈矛盾的狀態。處理關於人心的問題，也就是在解決煩惱與這種心態，當引發出改變現狀所產生意志與行為時，就必須好好處理這種矛盾。

對應這種矛盾時，須將對話裡存在的對立與糾葛加以統合，不過在談話當中也有一旦方法使用有誤，便會加深對立與矛盾的一面。想要順利處理矛盾，到底需要什麼樣的談話技巧呢？

—什麼是動機式晤談？—

以這種矛盾心態為焦點，透過解開矛盾來提升談話對象的熱情和動機的談話技巧，就是動機式晤談（Motivational interviewing）。動機式晤談試圖藉由幫助當事人解開矛盾心態，解除加諸其身上的煞車。而且，要在短時間內達到這個目的。

這個技巧雖然無法在短期間內改變人的個性，或是讓當事人學會面對問題的技巧，但經驗顯示，它能在短時間內對當事人想做出改變的動機造成變化。實際上，從初期開始，大家就認同動機式晤談對酒精依賴患者的諮商效果顯著，之後經過長時間重複多次運用，結論仍然不變。

雖然動機式晤談原本是為了幫助患者，克服酒精或藥物依賴而開發出來的方法，但也可以運用在有強烈矛盾心態的各種狀況。想上學或工作卻動不了、無法下定決心結婚或離婚而煩惱、或是因為違背本意無精打采想放棄的人……動機式晤談也能運用在幫助這類人身上。

實際上，一旦解決束手無策的矛盾心態，受無力感所困的人便會開始採取熱情的行動，沉溺於自我毀滅行為的人也會開始積極投入人生的課題。只要確立應該前進的方向，人們就會展開行動。

那麼，如何才能解救陷入矛盾煩惱的人呢？

—什麼是改變所必要的？—

雖然知道努力比較好卻提不起勁，知道停止上癮行為比較好卻戒不掉，想跟異性和朋友親近卻裹足不前等等，所謂無法改變的狀況大多是陷入「想～卻無法～」的困境。

也就是說，當事人並非完全沒有想改變的心情。就算狡辯說沒有必要改變，其內心深處往往都隱藏著要改變的心情，只是不肯承認罷了。

總之，「不去改變」可說是想改變的心情與抗拒改變的心情彼此膠著拉扯，導致無法採取行動的狀況。一旦陷入這種狀態，就會在無法改變的狀態中白白地浪費時間。有時候一轉眼好幾年就這樣過去了，糟蹋了大好青春與能力。這個時候，束縛住當事人行動的就是這種矛盾的心態了。不管朝哪一邊都動彈不了，人生在其中空轉。

無法戒掉酒精和藥物的人、想走入社會卻動不了的人、有想要做的事卻因缺乏自信而無法向前的人、對什麼事都有氣無力無法認真投入的人、無法下定決心離婚或分手的人、明知不好卻無法斷絕某些行為的人……這樣的人大部分都受困於矛盾心態，而無法擁有明確的決心和意志，因而動彈不得。

例如，無法戒掉酒精或藥物、賭博、暴飲暴食這類上癮行為的人，雖然心裡明白這些事會對自己帶來傷害必須戒斷，然而另一方面卻無法拋棄追求其中的快感與滿足。就算想戒，心裡的某個地方仍會想著「還是想做」、「大概會去做吧」、「感覺好像戒不掉」。自己未來的行動，自己最清楚。

想向前邁進，必須加強克服矛盾的心情。當你對矛盾做出決斷，有了不論發生什麼事都要克服的心情時，就會毅然決然地展開行動。也就是說，能否擺脫矛盾心態掌握著改變的關鍵。一旦解開矛盾心態，當事人便自然而然會朝著目的地出發。

但問題是，這個所謂的矛盾行為，與我們平常所理解的常識稍有不同。若是對這點不夠了解的話，當想要幫助對方難得的行動時，就會變得徒勞無功，甚至會帶來反效果。

—強求只會引起反效果—

在矛盾心態中，人們抱持著相反的兩種心情。就像是處於兩邊各有彈簧拉著的狀態，因此就算勉強將當事人推向我們覺得比較好的方向，也只會被更用力地彈回到反方向而已。處理矛盾時，就算在某一方強加外力來引發行為，也會產生反作用力，或是引起完全相反的結果。這種逆向（paradoxical）反應，正是矛盾心態的一大特徵。

面對想要戒除某些行為卻戒不了的人，一旦用強硬手段想要說服對方戒除、竭盡全力阻止的話，對方就會更加耽溺其中，變得即使偷偷摸摸也要做的狀態。越想要讓沒有幹勁的人打起精神來，他們反而會越來越沒力，甚至對鼓勵的話起反感，而灰心喪志。

個案患有藥物等依賴的情況也是如此。絕對不能嗑藥的心情和怎麼樣都無所謂而想嗑藥的心情，構成了矛盾的心態。為了克服依賴，不嗑藥的心情當然必須比抵抗的心情還要強烈，但若只是認同不嗑藥的單方心情，當事人內心的相反情緒便會增強，因此也有可能發生無法把持自我而再度用藥的情況。強迫對方聽從某一方的心情，只會引起逆向反應且強化其行為。

這個原理也適用於面對其他種種的猶豫和煩惱狀況。當有人在煩惱著應該朝某個目標前進或是停止時，就算勉強對方採取行動，也只會導致在途中化為烏有。

例如，對正在考慮離婚卻對原來的生活還有留戀、無法採取行動的人說：「快點分一分吧。」這麼說只會愈發增加當事人對失去原本生活的不安和留戀，甚至表現出抗拒的行為。相反的，若是建議對方：「如果還有留戀，就回去重修舊好吧。」則會讓對方對這個建議更加感到厭惡。

這些談話會失敗的大致原因，是沒有看清當事人是因受困於矛盾心態才無法動彈，以及在不理解矛盾的特有性質就採取行動的關係。面對陷入矛盾心態的人，就算給他「去～吧」或是「不可以～」的建議也無濟於事。事情最後經常會演變成朝建議方向相反的結果而去。

那麼，我們對抱持矛盾心態的人究竟該採取什麼樣的行動呢？

—矛盾的原理—

動機式晤談的其中一個原理，就是由於在矛盾狀態中朝一方推動時，必定會於另一方產生消除的反作用力，因此不能偏袒其中任何一方。例如，想像一下一個對自己的能力完全喪失自信、向學校請假的學生吧。假設對這個學生說上學念書是學生的義務，所以應該要去學校，會發生什麼事呢？這個學生恐怕不用其他人說也知道應該要去上課吧！但無論如何他還是無法去上學，因為他被矛盾的心態所困。當你去說服他要去上課時，學生會感覺好像是在怪他偷懶一樣，只會更加沮喪而失去熱情吧。朝單方的推動就像這樣會引發完全相反的反應。

更糟的情況是，明明是想與「不想去」的心情抵抗，卻說出：「你在說什麼啊？念書是理所當然的事吧？」之類的話。要是說了這種話，對方的動機會越來越低落。與當事人的抵抗在做抗拒只會讓事態更火上加油。

—抱持中立與同理心的態度—

因此，處理矛盾首要的原則就是保持中立，不可以偏袒某一方，要原原本本地接受矛盾的心情。切記，不可以介入判斷與決定本身，做出決定的是當事者本人。

不過，並不是把事情當作是對方自身的問題就放任不管。保持中立同時能設身處地，這樣的態度是引起變化非常重要的媒介。如前所述，聽者能展現出多少同理心，左右著談話對象能產生多少變化的結果。然而，這必須是中立的同理心才可以，不能太為對方著想，而過於偏向自己覺得較好的那個選擇。

當處理矛盾心態時，一旦立場偏袒某一方，對方就容易選擇相反的立場。若當事人是想迎合你的人，不管你站在哪個立場他都會同意你。但這只是表象，他內心相反的心情可能會增強，在你看不到的地方做著言行不一致的行為。這是因為談話具有的本質作用——當討論偏向某方主張時，便會從反面重新檢視那個主張——運作的緣故。

為了預防這個弊端，聽者必須保持中立的立場，不參與選擇與結論。藉此防範逆轉效應的同時，貫徹當事人依其主體性選擇的立場。因為所謂的動機，在當事人自己做出主體選擇時將會最為強烈。

例如，有個年輕人想念大學卻對念書缺乏自信，同時因為對升學感到迷惘也不太能專心念書。若是對他說進大學學會專門知識有多麼重要，鼓勵他為了自己要更加努力念書，就會變成以念大學為前提的交談。偏袒單一立場的行為將無法提高當事者的動機。當注意到當事人迷惘的心情時，交談的第一步不該以念大學的結論為前提，而是要先弄清楚對方抱著何種矛盾的心態。

—常出現的壞模式—

有違中立和同理心的反應不但不能幫助解開矛盾，反而會加強抗拒，降低改變的動機。有幾種容易陷入的情境，其中最具代表性的就是使用情緒性的字眼責備對方、否定對方的人格、侮辱對方。不管我們多用心良苦，都必須避免這樣的表達方式。越矛盾的人，越容易引起強烈的反感，可以說根本就是反效果，對彼此的關係也會產生不良影響。

第二種情形是企圖以道理或權威、力量說服對方，或是強行將自己的想法和價值觀加在對方身上。不管哪一種，都是擺明了我才知道正確答案或自以為是的態度，忽視了對方的主體性。專家往往有這種壞習慣，即使貼上診斷的標籤都存在著這種危險。當在做「你這是○○障礙，所以～」這類的評估與指導，很可能會傷害到對方，降低了當事者的自信與熱情。

第三種狀況是因不好的情報而有先入為主的觀念。在對話前從他人口中聽到有關當事人的「惡行」或「惡評」，便會干擾了面對當事人純粹心情，而影響中立的態度與同理心。常與喜歡批評、說人是非的人接觸時要特別注意，往往容易在不知不覺間受到影響而影響了對當事人的判斷。與畢馬龍效應的結果相反，只要我們表現出懷疑談話對象「不好」的態度，對方就會朝不好的方向改變。

以上不管哪種狀況都經常發生，而且麻煩的是，雖然很多都是出於一片好意，但採取的行為卻往往事與願違，這是因為一般大眾對矛盾心理缺乏認識所致。

—面質的技術—

在諮商和對話裡，有一種叫面質的技術。這是一種當面指出對方錯誤，在對方能接納修正以前，毫不退讓地對峙、說服對方的技法。當面對當事人有嚴重問題行為，希望他能依照我們所設想或要求，或是當當事人只想逃避，不想認真面對問題的場合，便必須採取面質這種技術。

不管是身處在體育界或商界，或面對的是人格障礙患者和不良少年，事實上，這種面對有活力年輕人的場合，若是害怕面質就無法踏出第一步。有時候嚴厲的面質是即使對方哭泣也不能讓步，甚至會故意數落對方、傷害對方自尊以逼出真心話的做法。

不過，想順利進行面質，必須擁有即使這麼做對方也不會逃走，彼此間存在著羈絆或束縛的關係。若是羈絆或束縛過於脆弱，彼此的關係只會立即中斷，對話便轉為情緒化，引起事與願違的反效果，不太會有什麼好結果。有時候信賴關係會因此出現裂痕，雙方在摩擦的狀態下再也無法恢復從前的關係。

面質的時候，彼此的關係必須沒有破綻且事先建立好信任感。最好是一面吸引對方、同理對方，一面先鋪陳：「接下來的話或許不中聽，但很重要，也是為了你好，所以請讓我說一說。」再提出批評。談話對象因為面質而崩潰或者懷恨在心，或是以逃離而收場時，大多是因為信賴關係和同理心的部分準備不夠周全。

矛盾問題越嚴重的人，面質會越不順利。理由是面質這個技巧本來就無視矛盾的原理，以及面質時很容易和同理心背道而馳的關係。

—首先要確認矛盾心態—

那麼，我們來看一下動機式晤談實際執行的順序吧。首先，第一個課題是要弄清楚矛盾心態，原原本本地接受矛盾。

不過很多人在剛開始的階段並沒有發現自己有矛盾心理。許多時候，當事人想改變的心情還模模糊糊的，非常微弱。雖然隱約覺得自己的行為不太好，卻完全沒有自覺到自己哪裡不好。當事人處於還沒有察覺到矛盾，逃避面對問題，覺得怎麼樣都無所謂或隨波逐流的狀態。

此時，首要目標是要將矛盾的心情化為明確的語言。光是把「真心想念大學的心情」和「考不上想念的學校的心情」清楚地說出來，整個局面就會有所改變。

先傾聽，以中立的態度和同理心接納當事人的話。也可以使用第一章說過的回映式傾聽，幫助對方整理心情。

—表面上的兩難與真正的兩難—

矛盾的真面目會在談話的過程中變得清晰起來。這個階段要注意的是，很多時候乍看之下以為是矛盾心態的所在，其實不是真正的矛盾。

舉例來說，孩子拒絕上學時，當去探究他想去與不想去心情的兩難時，可以發現其實是孩子曾在課堂上答不出老師的問題被大家取笑。因為不想再被嘲笑與想找回過去自信心情的兩難。

這個情況下，真正的兩難不在於去不去上學，而在於雖然想去但不想受到傷害的心情。在去與不去的點上無論下多少功夫都不太會產生效用，往「不想再受傷的心情」與「想再試一次，恢復自信的心情」上著手，比較有可能成功。

因此，聽者必須用心探索，並確切指出對方真正的矛盾是什麼。該如何確切地找出矛盾的所在呢？靠的是傾聽與提問。只要有你感到在意的地方，就提出「怎麼會這樣？」「那是什麼情況？」深入去探詢。

不過，提問時要特別注意不可以像是在責備對方，重點在於繼續維持中立與同理的態度。有時候對方可能無法馬上坦承以對。此時不要過於焦急，運用第一章的方法與當事者猶豫的心情共處，在共享其他關心話題的過程中，花時間來強化信任關係會比較好。很多時候，在談論其他事情而產生安心感後，當事人就會自己開口「其實……」說出心裡話了。

人們往往不單只是逃避面對自己的矛盾，也不喜歡讓別人發現自己的矛盾，而想要將矛盾藏起來。然而，不面對矛盾就無法克服矛盾，能不能如實地把自己的矛盾說出來，可是大大影響著最後能否克服的結果。

青春期的孩子和不善於自我揭露的人，會強烈去抗拒坦承。何況，當周遭的人變得情緒化、散發出好像要責備的氛圍時，就更加抵死不從了。

此時，必須貫徹中立且同理的態度，先讓當事者原原本本地表明心情與事實，從中梳理出矛盾的內容，確立出兩難的真面目。

面對如前述對念書感到無力的個案時也是，看起來是因為想念大學與學力不足，所以覺得自己辦不到而產生了矛盾；但再深入談話，會明白其實是不想造成父母的經濟負擔而退讓，一直壓抑著想念大學的心情。就是這種想法讓當事人產生就算念書也沒有用的心情。

一面詢問：「你有～和～的兩種心情，對嗎？」再試著問：「其他還有什麼感覺嗎？」雖說是兩難，很多時候卻不只是單純的兩種心情。

只要將這些心情分類整理成「想改變現狀、前進的心情」和「抵抗改變的心情」就可以了。不論哪一種心情，以同理心接納是最重要的事。在這樣的作業中，會逐漸查明核心的兩難困境，而兩難的實體也會變得明確起來。

「你在～的心情和～的心情之間煩惱，對嗎？」透過這樣的詢問，整理當事人的矛盾心態，並以同理心接納是第一步。

在中立、同理氛圍的守護下，人們便能安心地表達自己的煩惱與矛盾。一開始說出口的可能會是傷心、憤怒和放棄的話語。而當在聆聽這些話語時，要在關鍵處一面反映，一面幫助當事人整理心情和釐清事實。而這是在為讓當事人自由訴說兩種心情，為克服矛盾而做的準備。

─積極認同搖擺的心情─

克服矛盾心態要掌握的關鍵，是再把中立的狀態往前推進一步，積極去認同矛盾的兩樣情並接納它。最糟的模式是，只認同自己喜歡的想法與心情，對不一樣的想法與心情採取否定的態度。因此，首要是將矛盾心情視為理所當然並接受它。

假設有個繭居族，想要踏入社會卻覺得社會很恐怖，越想出去就越害怕。因此需接納當事人在這兩種心情間搖擺的事實，讓他能夠盡情地談論這種狀態是最重要的事。

相反的，一旦只偏袒想踏入社會的心情，面對害怕出去、無法行動的心情，而採取責備的態度或是表現出失望的樣子，對方就會變得不敢再將這類負面的心情說出口，覺得應該要踏入社會卻辦不到的自己很沒用等等，加深自責的念頭。由於無處宣洩，因而當事人就會開始遷怒。

不要覺得矛盾心態是一種脆弱、無能的證據。內心存在著矛盾是天經地義的事，接納這兩樣的心情，並將心情說出口，都與能不能克服矛盾有關。

戒不掉濫用藥物等成癮行為的狀況也適用這個道理。就算當事人有想要戒掉的心情，但認同他在想戒掉和想嗑藥的感覺間不停搖擺的事實，在這個基礎上聆聽對方的這份痛苦是很重要的。假設當事人說出想嗑藥的心情時遭到了責備說：「你還有這種想法嗎？」或是懷抱可能會被放棄的不安的話，便會變得不敢再說出真心話，只能逃向藥物的懷抱了。

一開始的目標是要確立矛盾的真面目，讓當事人能夠主動提及矛盾的內容。很多經驗顯示，僅僅只要做到這一點，當事人就會開始產生變化。

—改變語錄—

確切指出矛盾的心態後，下一個階段便是進一步做整理、深入，朝轉變連結的過程。那麼，該怎麼做才能引發轉變呢？實現轉變的其中一個原理是，只要讓對方意識到矛盾，人們就會開始改變。為了讓當事人能夠意識到矛盾的所在，清楚呈現出矛盾心態、讓矛盾變得顯眼這件事就很重要了。

引導轉變的另一個原理，是人們開始在改變之前，言語就會先開始改變。也就是說，想讓某人的行為有所改變，必須先改變他的言語。言語可以說是改變進程的觀測儀。

表明想要改變的意志在動機式晤談裡稱做「改變語錄」。如同焦點解決中的解決式談話是志在解決問題的發言一樣，改變語錄是一種想要改變現狀的意志顯示。動機式晤談將晤談的目的明定為：增加改變語錄，促進當事人改變的決心。因為當談話不僅是增加改變語錄，而是變成更加確切有力的內容時，就能引起實際的行為改變。

實際上，將來會改變的人，會增加改變語錄，並且態度堅定。反過來說，談話中聽不到改變語錄、說話曖昧、對改變產生強烈抗拒和不安的人，不太能期待他將來能有什麼樣的改變。

當然，就算出現了改變語錄，也有可能不是發自當事人內心，而是順著對方的想法口頭上說說而已。在這種情況下反而會強化矛盾，成為當事人言行不一致的原因。為了避免這種狀況發生，尊重當事人的主體性，採取中立與同理的態度十分重要。強迫對方增加改變語錄不僅沒有意義，反而會造成反效果。

在對方只是空口提改變的狀況下，請他談談改變的決心的話，會發現實質內容空泛，一下子又會回到矛盾的搖擺不定狀態，如此便能馬上明白這是僅止於口頭的改變語錄。

改變語錄說來簡單，卻涵蓋各種階段。開始的階段是**①承認不改變現狀會有的缺點**：「我也知道這樣下去不行。」「我知道就算是為了家人，也必須想點辦法。」「我常會感到不安，覺得再這樣下去事情可能會很嚴重。」等等。接著再進一步**②承認改變後的優點**：「如果那樣的話，對啊，會比現在輕鬆得多吧。」「如果辦得到的話，我也知道那樣做會比較好。」「如果可以乾脆下決定的話不知道有多好。」等等。當心情再稍微往前一步，心態從想改變轉化到或許可以改變，開始表達出帶有正面預測的話語，也就是**③說出對改變現狀的主觀期望或**

自信：「我這樣的人也辦得到吧？」「無論如何，我想挑戰看看。」「直到成功為止，試試看也好吧。」等等。接著再更進一步開始④**表明要改變的明確決心**：「無論發生什麼事，都只能改變了。」「我不想再重複相同的事了。」「我不想再讓家人擔心或是給他們添麻煩了。」等等。不過，這個階段還不是真正的轉變。更強大的改變語錄是⑤**絞盡腦汁思考改變現狀的具體方法**：「我想要試著這樣做，你覺得怎麼樣？」「如果這個方法沒有用的話，要怎麼做會比較好呢？」「在這種情況下可能會失敗，我在想到的時候如果試著這樣做會怎麼樣。」等等。當事人會自己思考方法、尋求建議，積極地與人商量覺得不安的地方。

真正會改變的人，會抵達第五階段。然而，不論是誰都不是一瞬間就能抵達第五階段，而是一步一步向前邁進。想要幫助這一步步的步伐，最重要的就是要有尊重對方主體性的態度以及同理心的陪伴。

—產生變化的基本技巧—

那麼，想要整理矛盾心態、引出改變語錄、引發統合變化，就讓我們來看看一些實用的技巧吧。

① **評量問句**

其中之一就是評量問句。評量問句在前一章裡也出現過，是把內心狀態數值化後請談話對象回答的問句。「如果用0～10來表示想休學的心情，你覺得現在大概是幾分？」或是反過來問：「用0～10來表示想繼續上學的心情，你會給幾分？」雖然這是從焦點解決開始使用的技巧，但在動機式晤談裡也是重要的技巧之一。

評量問句的優點就是將肉眼看不到的內心狀態數值化，變成可視的事物。藉此，不只是提問的人，連當事人也能更容易、客觀地掌握自己內心的狀態。此外，評量問句在強化想改變的心情上也很有幫助。別忘了，使用評量問句的關鍵還是在要正面地接受當事人所給予的評價。

關於想改變的心情，很多人的答案可能會是2或3吧。此時，不要負面地認為答案連總分的一半都不到，而是該把重點放在不是零分這件事情上，請對方談談關於這一點的看法即可。「**想改變的心情為什麼不是0而是3呢？**」透過這個提問，可以幫助當事人確認並強化自己內心想改變的心情。

回答數字超過5的人，表示想改變的心情已經非常高昂了。這個時候，要對對方給分相當高的部分做出評價，以「**你想改變的心情這麼強烈啊。怎麼會有這樣想法的呢？**」深入詢問，進一步加強對方想改變的心情。

相反的，有些人的答案可能會是0分。這樣的人只是想用裝壞來彰顯自我。當然，雖然這不是他的真心，但越是否認這一點，對方只會繼續堅持己見。面對這種情況，不如大方接受答案說：「0分的話啊，你一直以來都很努力呢。」或是「**為什麼會這麼不想改變呢？**」請對方述說這樣的心情即可。在這其中，應該藏有那個人的負面經驗或是憤怒情緒。聆聽與同理對方不想改變的心情可以說非常重要。在經過一、兩個月後，對方想改變的心情應該就不再會是零，而是漸漸增加了吧。

② 增加開放式問題

如同我們之前所見，增加開放式問題是整理問題、提高主體性、促進正向變化的重要技巧。這雖然是件非常單純的事，卻能發揮極大的功效。

由於開放式問題可以自由論述，所以也不太會刺激矛盾，強化相反的心情。提出自由度高的開放式問題比較容易聽到改變語錄，如果不是用開放式問題來談改變，那就不是真心話了。

增加開放式問題的比例、營造可以自由談話的氛圍，將主導權交給對方等等，都與強化對方的主體性，引導出改變語錄息息相關。

③「不想」還是「不能」？

困在雖然想改變卻改變不了的矛盾心態裡時，與兩種矛盾的兩難困境有關。為了引發當事人的變化，必須將焦點放在這兩種兩難困境上，協助當事人解決。

其中一種是關於改變的需求與重要性的矛盾心態。也就是說，對自己的人生和價值觀是否需要改變、改變有多重要的意義持有相反的心情。

一想到家庭關係和經濟問題就想戒掉柏青哥，但戒掉的話，就再也無法享受中大獎時的快感了。對自己的人生而言，不管失去哪一個都是慘痛的損失，因此都不想放手。或是想和外遇對象在一起，但也不想失去一直以來與妻小共度的人生。在這樣的案例中，不論哪一種選擇，都有他的人生意義和重要性在，因此當事人才會陷入哪一邊都不想放棄的兩難困境。

對歷史有興趣想要念歷史，另一方面，為了將來就業，依照父母建議選經濟系。雖然因此念了經濟系卻完全沒有動力。這個學生的狀況，是因為知道念歷史和念經濟對自己人生的意義和重要性，而陷入了兩難困境。

這類有人生意義的兩難，可以稱做重要性兩難。

還有另一種兩難困境。就是當快要引起實際轉變時，卻圍繞著是否有辦法執行的兩難困境。例如就算想戒掉柏青哥，結果還是戒不掉？雖然有想戒掉的心情，卻不覺得自己有足夠堅強的意志力能戒得掉，最後便放棄了。不情願地選擇念經濟系雖感到後悔，卻覺得事到如今想改變有現實上的困難；想有所行動卻陷入自己辦不到的兩難困境，所以變得無法採取任何行動，因而引發深沉的無力感。

這種兩難，是圍繞在現實中是否能執行、自己是否具有那種力量以及勇氣和自信的兩難。這是一種可行性的兩難，是對自己能力和自信的兩難。就算再怎麼認為改變對自己的人生重要又有意義，但只要感覺不到自己具有執行的能力與自信時，就會認為「反正是不可能的事」，而不會產生行為上的變化。

一旦心裡覺得只能維持現狀，實際上就真的會變成那樣。在「反正也改變不了」的情況下，許多人會逃避去思考改變的重要性。

要解開矛盾心態，就必須克服重要性兩難與可行性兩難這兩種困境。

讓當事人察覺這兩種困境的不同，將更容易促進本人的變化。不要只問：「你有多少想改變的心情？」也必須試著問：「你有多少改變的自信？」更進一步有效的提問是試著詢問：**「如果有改變的方法（如果可以成功改變），你會有多少想改變的心情？」**

很多因為缺乏能力和方法改變而感到無奈、放棄的人，透過這個問題可以再次察覺到自己真的想改變的心情。如果對方說出：「如果辦得到的話，我想改變。」

這樣的話語，就代表很有希望。

這兩種困境很多時候是難以切割的，有時候先解決可行性兩難，重要性兩難將會隨著一起解決。在實際的談話中，這兩種困境是相互分歧的，可以同時並行處理。

④假設變化發生的提問

在上一點也稍微提到過，突破可行性兩難時非常有效的技巧，就是提出假設變化發生後的問題。這是前一章焦點解決擅長的項目，動機式晤談也採用了這個技巧。

這個技巧可以幫助當事人消除覺得自己辦不到的心理障礙，進而引出真心話、產生自由的想像。

「假設變成那樣之後，你覺得跟從前的你會有哪裡不一樣？」

「假設變成那樣之後，你接下來會想做什麼？」

「假設變成那樣的話，你和周遭的關係會有什麼變化？」

以患有酒精依賴症、一直讓家人操心的男子為例，男子沒有戒酒的決心。此時可以問他：「如果你不再喝酒，你覺得和太太的關係會變得怎麼樣？」或是「如果你不再喝酒，你覺得小孩對你會有什麼看法呢？」

有時候光是這個問題，就能讓當事人體會到自己酗酒這件事讓妻小有多傷心、多寂寞。

此外，像是這種提問：

「**想像一下**你突然戒了酒，**周遭的人看到了那樣的你，**（除了喝酒以外）**會覺得跟現在的你有哪裡不一樣嗎？**」也可以讓當事人思考什麼是改變自己所需要的，進而產生變化的意識。

再舉一個例子。一個年輕人雖然想工作卻完全不找工作。問他不找工作的理由，他說在找到自己真心想做的工作前，不想妥協做別的工作。這個時候可以試著問他：「假設你找到自己真正想做的工作，之後會怎麼做呢？」或是「從什麼地方你可以知道那是自己真正想做的工作呢？」從這些問題裡可以進一步挖掘出，不試試看不會知道真正想做的工作是什麼、或是自己想追求的是哪種工作、自己又是為了什麼而徬徨，讓答案更加明確。

⑤改變人的危機感——擴大矛盾的技巧

在人們真心想要改變，實際上也發生變化的場合中，很多時候都有強烈的危機感在運作。

我有個朋友，過去置家人於不顧，每天在外荒唐，在一次車禍有過瀕死經驗後，從此，在生活方式和態度上明顯與過去不同。現在他在當義工，到處助人。

許多有藥物或酒精依賴的人想戒斷時，都有過曾經經歷過強烈的危機而成為轉捩點的經驗。這種經驗叫做跌落谷底經驗。

也有許多案例是因為心肌梗塞發作，過去怎麼都戒不了的菸，說戒就戒。「這樣下去會死掉」、「這樣下去會完蛋」的強大危機感，可是具有短時間內徹底改變人類行為的力量。以前面的觀點來看，就是在香菸和健康何者為先的重要性兩難中，「不戒菸就會死的危機感」使得局勢瞬間翻轉，往「只能改變現狀」的方向走。

也就是說，當處於重要性兩難的狀態時，代表當事人對必須改變的認知還很微弱。若是能體會到某種感受足以壓過不想改變的心情時，就能消滅兩難的困境，認為無論發生什麼事都只能改變。如此一來，當事人的行為也會自行改變，連能否辨得到的不安感都會煙消雲散。因為他只能選擇改變。

然而，許多個案都缺乏這種強烈的危機感。這並不代表他們的情況沒有那麼糟糕，而是儘管已經明顯面臨「再下去就會完蛋」的狀況，卻不去正視它，因而才沒有產生出危機感。總之，當想對重要性兩難做出決斷時，就是要去提高當事人對改變的重要性認知，進而產生強烈的危機感。

面對重要性兩難，也就是人生在改變與不改變各具重要性之間，將自己撕裂開來的狀況，該怎麼解決才好呢？

結果，問題來到了「人生什麼最重要」的價值觀上。真正想要的是什麼？人生中最重要的是什麼？問題的答案在各種因素，以及對周遭的看法和既定的想法中，如同覆蓋了一層雲霧而變得模糊不清。因此，許多人不明白自己最重視的事物和價值所在，因而迷失了方向。最後，因為不清楚什麼才是最重要的，於是陷入了寸步難行的兩難困境。

也就是說，為了解決重要性兩難，必須確立出什麼是自己的第一優先？什麼才是最重要的。透過確立優先，當事人會察覺自己在現實生活中所做的選擇，與想要追求的事物之間產生的矛盾，而興起消除那種矛盾的動機。因為人心有一種特質，一旦察覺到自己想追求的事物與現實生活目標的矛盾，便會去做修正。有的人會在短時間內迅速修正，也有人是慢慢地修改，但只要對矛盾有所自覺，人就無法再維持察覺前的行為，於是開始產生變化。

為了對矛盾產生自覺，必須注意到矛盾的存在。然而，已經習於現狀的人很難察覺出自己心中的矛盾。因此，為了更容易察覺出矛盾，使用的就是擴大矛盾的技巧。這個技巧會將對方一步步選擇後的結果呈現出來，如此再加以詢問：「這是你所追求的，對嗎？」將過去只是曖昧以對的現實與真正想追求的事物之間的落差擺在當事人面前，讓對方注意到存在其中的矛盾。

接下來，我們就來介紹幾個擴大矛盾的具體方法吧。

(1) 正反考量

困於矛盾心態而動彈不得的人，會對現狀的弊端視而不見，過度評價益處；另一方面，當提到要改變現狀時，又往往過度評價弊端，看不見改變的益處，因此報酬預測完全失靈。而這種毫無根據的預測之所以能夠強行通過邏輯判斷，是因為當事人不肯面對現狀、逃避客觀思考、敷衍自己的緣故。處於矛盾中的人，放大了失去眼前快樂的恐懼感和喪失心靈支柱的不安感，不願去冷靜地正視評價。

為了脫離這種狀況，要試著請對方評估維持現狀會帶來多少利益與損失，改變又會帶來多少利益與損失，會是有效的方式。

談話可以先從維持現狀的益處問起，接著再詢問維持現狀會失去的事物、蒙受的損失等等弊端。也試著去詢問變化會帶來的損失與利益，可製作一張損益對照表。如果是陷入選擇兩難的話，可以思考兩種選擇各自實行後的狀況，要設想到從現在算起十年、二十年之後的將來。盡可能具體地考慮各自會得到和失去的事物。

當事人應該會發現，維持現狀所獲得的利益和改變現狀所蒙受的損失，會發現其實令人意外地並不大；相較之下，維持現狀帶來的損失和改變現狀帶來的利益，差距反而大得多。於是便頓悟到自己一直以來深信不疑的想法其實都是假象，而淡化對於其中一方的迷戀，走向擺脫矛盾心態的道路。

這樣的作業正如數學證明題的輔助線。藉由畫下輔助線，一直看不到的東西會變得清晰可見。

(2)談論最糟糕的狀況

有一種讓當事者進一步強烈感受做出錯誤選擇後果的方法，就是去談預測中最糟糕的狀況。這也是實際經常使用的一種技巧。

與其由我們來說明再這樣繼續下去可能會發生什麼糟糕的情形，要建議的是由當事者本人來估推會比較好。

話題要盡可能具體地談論到所做的選擇對家庭關係的影響、對家人的影響、經濟上的損失、工作上的麻煩、健康問題和壽命的影響、老了之後會怎麼樣、會以什麼方式死去以及在生命的最後一刻是否能接受自己的人生等等。

當預想無法順利進行時，也可以和對方談論極端案例的悲慘狀況：「**這是一般的情形，雖然不知道同樣的事會不會發生在〇〇身上，但的確有案例最後會變成～的狀況。**」

當當事人想改變的心情增強到某種程度時，有時候使用這個方法會讓他立即增強想要改變的心意。

不過，這個方法不適合用在有強烈憂鬱或有自殺傾向的人身上。因為這有可能會讓他們的心情變得更加陰鬱，誘發出想在事態在發展惡化之前先結束生命的躁進式逃避行為。

(3) 傾聽訴說過去順暢的人生

還有一種採用相反角度的談話方法，是請當事人談論人生中最一帆風順的時刻。回憶當時的愉快，也可以請對方述說當時為什麼可以那麼順利，以及和現在的不同之處。有時從這樣的談話中，當事人可以重新面對自己為什麼會變成這樣，同時興起想找回人生順遂時的心情。

然而，當談話的方向一旦出錯，有時會讓當事人覺得就是因為自己沒有用才會失去一切，而加深已經回不去的絕望。因此要特別注意。

談話中要傳達的訊息不是在「已經找不回失去的事物了」，而是在「根據做法的不同，也可以妥善解決問題，過著幸福快樂的日子」上面。

「○○身上原本就具有這種能夠好好解決事情的能力呀。」

「○○只要有心（這些條件），就能發揮這股力量呢（過著安定的生活了呢）。」

「當時和現在相較，有哪裡不一樣呢？」

「如果想要找回當時的○○，你覺得該怎麼做呢？」

藉由回答這些問題，可以引導出當事人的改變語錄。

⑷ 詢問期望中的自己

如前文所述，要有效幫助人們改變，便是讓當事人藉由意識到自己的價值觀與現實行為的不同，而察覺出自己的矛盾。這種自我矛盾也稱作認知不協調，人們對這種不協調會感到不舒服，最後會採取行動來消除這種不協調感。因此，我們必須確立自己追求的到底是什麼。

矛盾的心態可以說是因為迷失自己的心情而引發的狀態。自己不清楚什麼才是人生中最重要的，因而迷失了目標。只要明確知道自己想變成什麼樣子，就能自動決定與選擇應該走的路。

因此，要反覆詢問對方想成為什麼樣的人，想做什麼事等等，會很有幫助。

依詢問的時期不同，答案也會有所變化。當談話對象徹底陷入迷惘時，得到的答案可能是「不知道」、「隨便」，或是「我想死」等等。這時可以鼓勵對方不要拘泥於現實，用輕鬆的心情來思考即可。儘管如此，答案最後可能還是「沒有想要成為的樣子」，但也有可能會讓對方重溫遠離現實的夢想，或是認真說出自己的願望。不管答案是什麼，都是珍貴的話語，必須用心接納，或是一步一步做深入的討論。

隨著當事人恢復精神與熱情，答案也會變得積極且具建設性。待精神狀況更進一步恢復後，答案會變得更加具體、務實。談論期望中的自己，與察覺到困於兩難中而無法前進的自己，在這兩件事之間會產生交互作用，而兩者間的落差也會日漸縮小。有一天，也許會從對方的口中聽到他的決心與計畫；也或許會突然獲得通知說，對方採取了至今為止都意想不到的行動也不一定。

(5) 談談重視的事物或最討厭的東西

還有一個方法能讓當事人意識到自己心中的矛盾，就是要明確地找出對方最重視的是什麼、價值觀是什麼。從釐清這些問題當中，當事人往往能強烈意識到自己的想法與現實行為間的落差。

有時候，對方可能會故意說一些逃避現實的話，就算這樣也都要好好接納。當事人常常會在不停說自己壞話的過程中，發現那不是真正的自己，過去只是勉強自己做出不佳的決定罷了。為了產生這份自覺，說自己壞話並接受它，是很有效的方式。相對的，詢問對方最討厭的事物往往也很有用。

具體來說，可以試著詢問：「**你人生中最重視的是什麼？**」或是問相反的問題：「**你人生中最不想做的事是什麼？**」也可以。

在藥物依賴的案例中，有被問到「你最重視的事物是什麼？」時，給出「家人」這個答案的狀況。不過，當對方在如此回答的瞬間，就會感受到自己正帶給家人痛苦的現實落差。這樣的談話可以和加深當事人心情的改變語錄連結，實際上也會因而產生改變。

有時候對方可能會回答最重視的是「金錢」或是「工作」，這時便可以再詢問對方為什麼會重視這些，透過進一步探索他們內在的價值觀，和形成這些價值觀的緣由以及生活經驗，將會因此一一浮上檯面，顯現出當事人內心深處的真正價值觀。一旦深觸到這個程度，也會讓當事人明白自己現在的行為與所追求的事物不一致的事實。

相反的，當問到「**你最討厭或是最不能原諒的事是什麼？**」時，常會出現「欺負弱者」或是「給別人添麻煩」這樣的答案。然而不可思議的是，許多時候大部分當事人回覆的答案顯示的是，自己正在踐踏自己；也有人在奮力回答出這樣的答案後恍然大悟，發現自己正在做自己最討厭的事。

能坦率說出自己最重視與最想擺在第一順位的事物，代表當事人已經開始有所改變，是非常好的徵兆。這個時候只要忠實反映出對方重視的事物與現實的落差即可。

「**現在雖然～但你最重視的是～對吧？**」

這裡不能變成責備的口氣，應該要以同理心接受這種落差。

接著進一步詢問：「**你最重視～現在卻出現～的情況，是什麼原因呢？**」從中應該會出現當事者面對自己的話語，也經常會自然而然連結到改變語錄。有時當事者在談話中也有可能爆發出自責與對不起周遭的情緒，聽者可以接受這份心情，根據狀況詢問能引出改變語錄的問題。

「你現在辦得到的事情是什麼呢？」

「你接下來想怎麼做呢？」

只要接受當事者從中說出口的心情，答案自然而然會轉變為強力的改變語錄。

—與抵抗好好共處—

當然，當事者越是煩惱迷惘就越難順利做出決定，有時積極有時又會開倒車，搖擺不定是很正常的現象。此時要陪伴對方，耐心地引導、強化當事人想改變的心情。聽者必須以和抵抗共處的心態，慢慢消除對方的不安、迷戀與軟弱。接下來，要說明與抵抗和平共處的重要技巧。

①不要抗拒抵抗

受困於矛盾心態的人對於改變會有各式各樣的抵抗是理所當然的事。此時的大原則就是「不要抗拒抵抗」。若是我們抗拒對方的反應，強迫對方做什麼的話，根據矛盾的原理，只會無謂地強化對方的抵抗心理，讓事態朝相反方向發展。那麼，應該怎麼做呢？

②反映抵抗的心情

首先，要原原本本地接納對方的心情，最基本的就是反映抵抗的心情。此時也可以用稍微極端的方式反映。

面對「還沒有那麼堅定，即使想做也覺得自己辦不到」而迷惘的年輕人，可以這樣說：「因為沒有決心和自信，**意思是**你已經放棄了，**對嗎？**」將當事人原本曖昧的說辭換成明確的敘述。

如果對方聽到後回說：「不是，也不是放棄……」就進一步追問：「**不是**放棄？**那麼，是什麼心情呢？**」引出本人的話。這麼做也會連結到改變語錄。

當對方敘述矛盾的兩種心情時，反映出那兩種心情是很重要的。在矛盾心態強烈的案例中，如果只反映我們自己期待的那部分，會讓對方有被誘導的感受，就算一時之間會隨著我們的步調，但經過一段時間後，恐怕會助長相反一方的心情。將迷惘的兩種心情都反映回去，才能讓當事者產生沒有受強迫的安心感，進而面對自己心中的矛盾，這才是引發變化的原動力。接受對方原本的樣子，才能生出改變的力量。

③ 重新架構

還有一個經常使用的重要技巧，是以不同的觀點重新檢視狀況，讓當事人發現自己的迷思，重新製作一次思考框架，而稱做「重新架構」。透過重新架構，可以讓對方發現原本以為好的東西其實是壞的，原本覺得是壞的事物其實是好事。是一種為了粉碎對方的迷思、逆轉想法而使用的技巧。

舉個簡單的例子，有個人每天都會喝有名泉美譽的湧泉水。然而，如果有某個人跟他說那口井水裡有幽門螺旋桿菌，喝了會增加罹患胃癌的機率，那麼他還會繼續喝湧泉水嗎？恐怕會從此停止喝湧泉的習慣吧。因為他終於明白原本相信是好的事物其實並不好的緣故。這就是重新架構，也可以說是扭轉判斷標準或對事物看法的一種操作。

在不想改變的想法背後，經常存在某種迷思。重新架構就是針對這個迷思，讓當事人發現那是沒有根據、完全與現實相反的想法。

稍微複雜的重新架構會將注意力放在不同的角度上，讓當事人察覺出事情完全不同於以往的意義。面對矛盾時，有時也會聚焦在完全相反的感情上。

例如，以虐待孩子的母親為例來思考。有一種看法是虐待就是傷害小孩，是不好的事。許多人都容易從這個觀點來看待這件事。最後，不論是周遭的人或是母親自己都會責怪自己。然而，這種環境會更加逼迫母親，導致無法改善虐待的情況。此時不如改變視角，去看母親就是因為對小孩的教養過於認真努力，才會連結到虐待的行為，將重點放在母親美好的一面上。如此，母親便會覺得自己的心情獲得理解，也更容易表現出原本的自己。

「妳非常努力地想把小孩教好吧。有很多認真、不妥協的媽媽，也會一不小心就對小孩太過嚴厲喔。」

向對方提出另一種觀點，並且進一步表示這不是特殊狀況、是每個人都有可能會發生的問題，讓當事人能夠更容易接受重新架構。

若是直接否定對方深信不疑的想法，反而會引起抵抗。必須選擇一面考慮矛盾問題，一面讓對方察覺自己想法有誤的傳達方式。

「你會不會有～這種想法呢？啊，果然。越是認真的人，越容易會這樣想。」

這樣的說法也很有效。

「不曉得你知不知道，其實～。大家常常因為這樣而做不好。」

「你會覺得～對吧？但這個想法裡有個陷阱。其實～。」

④ 強調當事者的主體性與責任

受困於矛盾心態的人，會有面對事情馬上做出悲觀結論的傾向。常常會說「什麼都不會改變」、「反正不可能」之類的話。其中，也包含了推卸責任的一面，把自己不去改變的焦躁轉化成對對方不能順利改變自己的不滿。

此時，若是回應「不會改變是因為協助者的錯」這個論調，協助改變的架構本身就會陷入僵局。

當面對這種反應時，以「**要改變的是你自己，沒有任何人可以改變你喔。**」來督促對方，再詢問：「**自己有想要改變嗎？**」必須讓對方明白唯有依靠本人的主體性與責任才有可能改變。

⑤ 指出操之過急的心理

同樣的狀況，有些人不是忘了自己的責任，而是太過期待馬上看到成果，便急著下結論說：「什麼都沒有改變」或是「感覺之後也不太會有改變的樣子」。這個時候，要指出對方的焦躁與疲憊，告訴他要完成某件事，必須靠一小步一小步的累積。

「你有點衝過頭了喔，這不是我們現在必須討論的課題。想達成遠大的目標，必須一步一步地前進。有時候休息也很重要，畢竟誰都沒有辦法一步登天喔。」

「你是不是有點操之過急了呢？想完成巨大的改變，小小的改變是很重要的。如果沒有發現到細微的變化，就會覺得什麼都沒有改變。不過，一旦察覺到微小的變化，就會產生巨大的改變。把注意力放在微小的改變上吧。」

接著，詢問對方有沒有發現到什麼，即使是細微的變化也沒有關係。就算這樣對方還是回答什麼都沒有的話，也可以由我們來指出那微小的變化。

—強化微小的改變—

上述的方法可以說全都是為了要引出主體的改變語錄所做的準備。接著，如果聽到稍微積極的改變語錄，請不要忽略它，要好好地接受、反映，並強化改變語錄。

雖然對改變語錄給予肯定的評價也很重要，不過也不能滿足於此，要更進一步地強化它。

這個時候，下面的問題十分有用。

「你怎麼會有這種想法的呢？」

「你怎麼會有這樣的改變呢？」

此外，將談話連結到對方的價值觀，也有強化改變語錄的作用。

「感覺這跟你重視的事情有關。是什麼樣的情況呢？」

將談話與當事人周圍的人際關係做連結，也能讓強化更加順利：

「你會有這樣的想法，跟你的家人（父母、伴侶、小孩）有關嗎？可以說說是什麼樣的情況嗎？」

若當事人出現反應良好的改變語錄，就須進一步提出與具體行動或計畫相關的問題：

「為了達到這個目標，你可以做些什麼呢？」

「不是現在馬上辦到也沒有關係，想達成這個目標，你可以做的事是什麼呢？」

「你現在就可以做到的事情是什麼呢？」

只要對方表現出具體計畫或行動的意志，那就是更強力的改變語錄，代表當事人真心想改變的心情正在增強。

—提升自我效能感—

矛盾心態還有一個特徵是當事人想去做某件事，卻會受困於可行性的兩難，認為「反正自己辦不到」。為了讓當事人願意突破困難、貫徹決心到底，必須讓他產生自己或許也辦得到的意志，也就是自信、對自我能力與意志力的信賴，稱之為自我效能感。

提升自我效能感的有效方式，就是對當事人的優點和進步給予正面的評價。越是處於矛盾心態的人，一旦對他提出否定的批評，將變得更加頑固、反抗，容易使得問題擴大。相反的，若是將目光放在當事人的優點上，以正向的態度相處，對方也會漸漸往好的方向改變。

關於這個方法，可以參考後面章節將介紹的克服自我否定法。

接著，在實際生活中接受評價，可以讓自我效能感變得更為踏實。最初，是從一小步開始，只要對微小的進步給予正面評價，那麼在不知不覺間，對方就會達到意想不到的大幅成長。

—言語改變，人也會改變—

或許有人會覺得言語什麼的，不過是口頭上說說而已，心中所想的又是另外一回事，就算嘴上說了什麼，也不會改變任何事。實際上，比起透過語言，人類最重要的訊息多半是藉由非語言的過程來傳達。也有人認為人類的語言在傳達微妙情感上尚未發展完全，所能挾帶的訊息量過少。因為像使用電子郵件傳達，容易引發各式各樣的誤會和感受上的問題，就是這個緣故。

然而，我們卻不能否定，這個不成熟又只能依靠貧乏情報量來當傳達手段的語言，能夠發揮非常龐大的力量。透過語言，人們彼此會產生巨大的影響。一個人能夠藉由談話脫胎換骨，或是從中產生創造的可能，這都是語言的力量。

實際上，我見證過許多改變的瞬間，所有案例共通之處，就是當事人的話語會改變，他們會清楚地說出自己要改變。無法改變的人，言語會曖昧不明，失去方向。在不願面對自己的人身上，經常會看到不管嘴上說什麼也無能為力的狀態。也有人因為一直以來都過著欺瞞的生活，認為話語只是說謊的道具。

不過，就算是這樣的人，一旦開始變化，話語也會改變。他們的言語會變得擁有威嚴和力度，說出口的不是對過去的不滿，而是認真地談論未來該如何。這是因為人改變，言語也會跟著改變，同時，改變的話語更將進一步地改變本人。

雖然不可思議，但是當事人的人生真的就會變成經自己思考後說出來的那樣嗎？以酒精依賴和藥物依賴的患者為對象所做的研究顯示，想知道當事人是否能復原，可以問問他們覺得自己有多少復原的可能，據說本人的預測幾乎都會準確無誤。實際上，沒有明確地將改變的決心說出口的人，很少有人能真正改變。

─將言語連結行動的作業─

當言語開始有所變化，改變語錄會增加，進而變得更強而有力時，想要行動的慾望也會提升。不過，與此同時也會受到「會不會失敗？」「自己是不是太勉強了？」的矛盾不安所拉扯。因此，當事人也有可能口頭上說了各種計畫，實際上卻一個都沒有真正地付諸實行。因為雖然想要改變現狀、有所作為，但當對實際執行時又充滿著龐大的猶豫和恐懼，感到沉重，而想逃避到比較容易的事情上。

有時候，也有可能是當事人雖然突破心理障礙，實際去執行計畫，卻面臨嚴苛的現實，不得不放棄才決定好的計畫。而得來不易的變化是否能連結到具有實質效用的行為上呢？這個階段可說是決定一切的重要關頭。都已經跨越最難的階段了，若是在這裡受挫實在過於可惜。

當事人還無法採取行動時，或許是因為沒有完全克服矛盾。因此，不要責備對方的無作為，而是接受他那無法動彈的心情，進一步探究的同時，可以再一次詢問他相關的具體行動計畫，以及實際執行那個計畫若有困難的話會是什麼。然後再進一步修正計畫。有可能是計畫本身的標準過高，因此缺乏實行的自信。此時，可以把計畫調整得再簡單實行一點，讓當事人更容易採取行動。

當對方想執行計畫卻受挫時，必須判斷當事人受到的傷害大小。若是評估對方過於勉強到連心理都受創、傷害程度相當大的時候，要認同他們已經勉強自己努力過了，可輕鬆地向他們表示：「現在就像拳擊比賽結束第一回合一樣，所以要稍做休息。」不過，若是傷害相對輕微，當事人還有動力或是過早放棄時，則可以提議稍微改變目標，馬上再挑戰一次看看。

—擬定具體的行動計畫—

最強力的改變語錄等同具體的行動計畫，認真開始想要改變現狀的人，會想知道真正有用的方法，並且去擬定實際適用的行動計畫。獨力進行這項作業將十分困難，一面討論一面進行能讓實行變得容易許多。此外，從各種角度檢討，也可以讓計畫變得更為精緻可行。

我們要提供有用的資訊，並重新探討根據這些資訊來實現時，怎麼做是最好的方式？哪裡會有執行的陷阱？為了預防落入陷阱該怎麼做？當狀況發生時該如何應對？以這樣的形式不停累積思考的工作。

—推一把的時機—

談話對象一旦增加改變語錄，行為上也會表現出變化。但更重要的是，即便看到了好的徵兆，也不能過於焦急。若是推一把、增加助力的時機還太早，之前的所有努力都有可能付之流水。在當事人自己開始做出決心、訂下具體的計畫、確立想法以前，最好不要加以催促。

有許多情況是什麼都不用做，當事人自己就會有所行動，但也有時候是對方會表現出希望你推他一把的心情。這是因為最後一層心理障礙阻擋著他們，擔心著自己是否可以挑戰成功。此時，只要輕輕推他們一把就可以了。在宣告挑戰的時機來臨的同時，用「下定決心試試看吧」、「放輕鬆挑戰看看」、「只要做你能做得到的程度就好了」，這些話表示即使失敗也無所謂，能保障當事人的安心感。

不過，與其認為大家可以從所謂的矛盾搖擺中完全畢業，還是要有矛盾會一直存在當事人內心的想法比較好。若是因為對方變得積極向前，因而誤解他已經順利從矛盾的心態中畢業的話，那麼當對方稍微疲憊、透露軟弱的心情時，就會把這種狀況視為是「退步」，而阻擋了當事人可以喘息的逃生口。

就算當事人表現出積極改變的心態，但一開始仍是處在十分脆弱的階段，此時仍必須好好守護。在強化、穩定改變心情的過程中，發揮耐性相處是最重要的事。

觸動人心法TIPS

・大部分的人因為抱有某種矛盾心態，因而使得決斷力和行動力變得遲鈍。反過來說，正確了解自己的矛盾心態與產生更加強悍的決斷力和行動力密切相關。

・聽者必須用心探索，並確切地指出對方真正的矛盾是什麼。該如何確切地找出矛盾的所在呢？靠的是傾聽與提問……詢問：「你有～和～的兩種心情，對嗎？」再試著問：「其他還有什麼感覺嗎？」

・「你在～的心情和～的心情之間煩惱，對嗎？」透過這樣的問題，整理當事人的矛盾心態，並以同理心接納是第一步。

・引導轉變的另一個原理，是人們開始在改變之前，言語會先開始改變。也就是說，想讓某人的行為有所改變，必須先改變他的言語。言語也是改變進程的觀測儀。

・這個技巧可以幫助當事人消除覺得自己辦不到的心理障礙，引出真心話，產生自由的想像。「假設變成那樣之後，你覺得跟從前的你會有哪裡不一樣？」「假設變成那樣之後，你接下來會想做什麼？」

・矛盾的心態可以說是因為迷失自己的心情所引起的狀態。自己不清楚什麼才是人生中最重要的，因而迷失了目標。只要明確知道自己想變成什麼樣子，就能自動決定與選擇應該走的路。

第四章

改變思考歷程法

─貝克的發現所帶來的方法─

解決人生問題的方法不只有一種。第二章已探討過，將目標明確化，從目標去思考解決方法時，何種對話對迅速解決問題是有用的？另外，在第三章中也學到了，藉由解決煩惱或困難根本所在的矛盾糾葛，並加以克服的談話方法。

在克服煩惱或困難上，還有一個有用的對話方法。這與之前談過的對話原理稍有差異。

美國的精神科醫師亞倫・貝克（Aaron T. Beck，一九二一～）在接受完當時興盛的精神分析訓練後，對憂鬱症患者進行分析治療。他認為，憂鬱症一定是源自於幼時所經歷的外來傷害，所以須藉由讓患者說出這樣的經驗以進行治療。然而，經過一段時間後，效果並不顯著，貝克開始對佛洛伊德的方法是否真的是解救人類的最佳良方感到懷疑。

誠如第二章所述，當開始去追究原因之後，大多數的人會變得憂鬱、沮喪，憎惡、怨恨，負面的情緒容易高漲，病情暫時惡化的個案也不少。但不能就此誤解的是，這樣的嘗試並非無謂或無效的。外傷的因素在嚴重個案中，也有產生效用的時候，短期效果及長期效果也不一定會一致。雖然必須長期耐得住面對原因的操作，但也有達到徹底恢復的個案。不過，若是想獲得短期的效果，這種方法是不管用的。

在聽取憂鬱症患者的談話中，貝克發現了一件事。他們對事物的想法會超乎現實的悲觀。不只是對自己的事情感到悲觀，對世界或未來的想法也會偏向悲觀。於是貝克開始思考，這種過度悲觀的想法，是否就是造成他們痛苦的原因？如此悲觀的想法是否真的是有憑有據的現實？貝克試著與患者一一檢視。於是，患者不得不承認自己的想法與事實相反，開始察覺到自己是過度負面思考。如此一來，憂鬱症的症狀亦見改善。

進一步研究的結果顯示，這些處理方法不只是針對人們的苦惱或不適應，對於改善各種障礙或煩惱亦能見效。現今，這個方法已經作為認知療法且廣為普及運用。本章將探討以貝克發起的認知及其修正為目標的對話方法。

—認知偏差背後所隱藏的東西—

具有認知能力的生命體，是從刺激↓認知↓反應（感情、行為）的系統進化而來的。所以，能否具適當的反應，是與我們對認知的處理相關。

認知若有所偏差，比起得體適當的情緒、行動的反應，阻礙適應的反應會變多。結果雖有礙適應，但對於造成認知處理問題的原因，本人卻是毫無自覺。在不自覺的狀態下，也就自然而然這麼做了。因此，自然而為的認知處理，也被稱為「自動化思考」。

認知療法中的對話目的，便在於自覺到這個毫無自覺的認知偏差，並藉由自動化來思考修正出適切的行為。

貝克更進一步指出，在偏差的認知背後具有偏差的信念。例如：對事物過度悲觀解釋的認知偏差者，會在心中湧現「自己是無能的、自己所做的事全都無法順利」的錯誤結論。因此，認知也會朝這個方向扭曲。就算事情的結果是好的，也會被忽略，只看重曾經失敗的部分。

想要修正認知，若僅僅只是修正表面展現的認知偏差，是難以見效的。若不修正根本性的錯誤信念，大多無法產生真正的改變。在偏差信念強烈的個案上，更是如此。

與前述案例相反，也有人的信念是「因為自己特別優秀，別人為自己犧牲是理所當然的」，任何事都依自己的喜好解釋、輕易地指使他人。

另外，也有人對人產生強烈不信任，抱持著「反正人都是只為自己著想，跟別人商量也沒用」，或「人都是想看別人笑話，如果暴露弱點的話，只會被取笑而已」的信念，認知或行為也因此產生了偏差。

每個人抱持的信念各有所異，表現出的認知或行為方式也有所不同。信念乃是經年累月形成的，雖然非常頑固、無法輕易改變，但只要努力堅持，還是可以產生變化的。

─想要修正認知時會遭遇強烈抗拒─

當有意修正偏差認知、甚至是修正背後偏差的信念時，直接遭遇的困難，將是來自於必須用偏差的觀念修正偏差的想法。自我的偏差自己難以察覺，要去修正更是困難。正如想讓深信太陽繞地球的人，明白其實是地球繞太陽的哥白尼一樣。一旦說服的方法有誤，將會引起怒火。

在認知療法這種特別的操作中，因為當事人具有某種程度的動機，且已經有心理準備了，所以抗拒較少；但在對話中，若指責其認知的偏差，並要求修正時，便容易遭拒。

認知偏差愈強烈的人，就算被指責，也會認為那是旁人的問題，而非自己的，因此也不想聽。但是，只要有毅力地持續對談，在他的心牆上鑽出小洞，他的抗拒心理就會由此開始崩解。因此，一旦意識開始改變，原本覺得是外來的問題，就會開始察覺原來是自己內在的偏差所造成的。在學習讓人生能夠更快活、更豐盛的感知方法的同時，那根深柢固的信念也會逐漸開始改變。

只是，要如何讓當事人察覺、變得容易接受呢？為此，就必須要有適當的對話技巧。一旦學會了這種技巧，也就能應用在一般的對話中了。

—運用促發讓修正變容易—

我們在上油漆前先上一層底漆稱為打底。就像上過底漆後，油漆的附著力會變好一樣，各種現象顯示，事先做好準備的話，之後的操作會更有效，這就稱為「促發」（priming）。不只是在謀求修正認知時，在指出問題點或嘗試說服時，進行促發操作的話，即可大幅減少抗拒。

在對話中，促發操作是時常運用的技巧。以最切身的例子來說，例如：「不要生氣聽我說好嗎？」或「有件事想請你冷靜地聽我說！」等表達方式。

正如突然說出來的話會讓情緒大幅波動一樣，透過這種促發操作讓對方先有心理準備，當聽到令人震驚的消息，就會比較容易冷靜地接受。

指出認知偏差時，促發操作就更顯重要了。

例如：以特別的框架進行認知療法時，此框架本身就是促發操作。於是，事先聽取認知療法為何物？認知偏差或自動化思考、信條、策略等說明的話，會具有更強力的促發效果。

事先說明的事當之後再被指出的話，會比較容易接受。而且，就算省略這個步驟而突然遭受指責，也比較容易接受是因為自己的錯而被指責，不會招來過度的反抗。

在進行指導、謀求修正時，如果能在事先都進行一般性的說明，那麼接下來再試著實際指出具體問題點所在，就可以提升學習效果。

即使時間很短也事先做說明的話，之後產生的抗拒或困難就會大幅減少。以下就是這樣的例子。

「每個人對事物的看法、感受都有自己的習慣。那是在成長過程中累積出來的，所以對這個人而言，是極其自然的思考模式。這種對事物的看法雖然稱為認知，但因為自己不會察覺到是自己的習慣，便常會在不知不覺間陷入了認知的陷阱中。這就演變成生活的痛苦或麻煩的原因了。好不容易有了這樣的談話機會，所以我們要盡可能運用這個機會。接下來的談話中，若有發現認知的習慣或陷阱的話，還請容我告訴你好嗎？」

像這樣事先預告的話，不僅會減少抗拒，也較容易產生進一步接受指正，或被指正後想要改掉偏差等積極的想法。

而且，實際上在指正時，為了讓對方有心理準備，需再次進行促發操作會比較好。

「在談話中，發現有件事……是關於之前談過的認知習慣。現在可以談談這一點嗎？」

「還記得之前有提過，每個人對事物都有各自的思考習慣嗎？而且，在發現的時候要坦率地告知，現在，我剛好發現有一點這種傾向。」

像這樣事前取得同意後再提出的話，除了因為不太會侵害到對方的安全感，還能給予正向的心理準備。

—指出偏差並加以修正的技巧—

以下將舉一再舉例的家庭暴力男性案例，來說明實際指出認知或行為模式偏差時的說話技巧。

「你對於自己要求的事情被拒絕的話，**好像馬上會有自己被瞧不起的感覺。你自己覺得如何呢？**」

「**還是說你**只要被人說什麼，就會覺得生氣呢？**你自己是怎麼想的呢？**」

像這樣不要強加我方的看法，一定要聽取當事者本人的意見。

只要對方覺得有道理、有傾向接受指正的回答，就能讓對方說出發生過相同事件的具體狀況。

籠統的問：「這樣的話，以前有發生過其他的事嗎？」若能促使對方回憶起具體的情節，即依下列順序回想：**①發生的契機是什麼呢？②產生了什麼行為或情緒性的反應呢？③如何看待造成契機的這件事呢？**

認知療法中最重要的是「如何看待」的部分。這與前述的自動化思考有關，會形成對某些狀況產生反射性習慣的思考模式。確實地討論這個部分並自我察覺雖然重要，但很多時候是一開始就無法順利說出來的。這時，由我們來陳述推測也是一個方式。可以謹慎地詢問：

「是～看待的嗎？」

下個重點則是，進一步促使當事人察覺自己的認知與現實的差距。

「那麼，實際上發生的事與自己內心所感受到的，現在比較後覺得如何？」

「事後回想起來，看法是否稍微有點不一樣了？」

「現在想起來，看事情的角度是否有些地方稍微太過了？」

若是回答有察覺到差距的話，就表示已經開始進行認知修正了。這時，就必須由此衍生出比修正認知更確切的事。因此，接下來的問題便很重要了。

「有沒有產生了其他看法？」

「那麼，你覺得採取什麼樣的看法會更好呢？」

如果對方提出了不同看法，就加以肯定，並詢問以下問題。

「如果採取了這樣的看法，之後的反應會有何不同呢？」

「如果產生了這樣的看法，事後的情勢會有何不同呢？」

許多個案中會頻繁見到一種或兩種模式。與之前談過的過往做連結，而這是重點所在。

「之前，的確有發生過類似的情形嗎？之前有講過的，是什麼樣的事呢？」透過與之前敘述的過往做連結，幫助當事人察覺自己容易陷入相同的陷阱。

最後，記下當天談話的要點，整理出當天的發現與進步之處，並予以肯定。

—重視具體的狀況—

雖然有許多典型的模式存在，但重要的是不要過度單純化，而是要具體表現出當事人獨特的傾向。

「你好像**對於自己要求的事情被拒絕的話**，會覺得**自己被瞧不起的樣子**。」

單純地將之視為「被害認知」的話，會較容易理解或同化（察覺到此一認知模式），但也會抹滅當事人容易產生被害認知的訊息，變得難以辨識出當事人獨特的模式；有時也會因為當事人感覺自己被貼上否定性的標籤，而拒絕接受自己的特徵傾向。

因此，從一開始就不要貼標籤。可以的話，等當事人本身察覺到自己的傾向，讓他自己說出近似的話會比較好。某種程度上，當事人也會知道自己的傾向，等到說出了好幾個相同的過往故事時，再試著詢問：

「**到目前為止，你好像都是採取相同的方法在看待事情，你自己是怎麼想的呢？**」

如果對方回應：

「好像會陷入被瞧不起的感覺中。這是被害妄想嗎？」

「**你很冷靜地仔細回想了呢！**雖然還不算是被害妄想，但因為有被害的想法，所以可稱為被害認知。**只要自己的要求遭拒、不如己意的話，你很容易陷入被害認知的樣子。你自己覺得如何呢？**」

說明完畢後，一定要尋求當事人的意見或感想，不要讓對方有被強加意見的感覺，就能導向主體性地參與對話。

接下來，要進一步地進入不陷入負面認知模式的認知修正是很重要的。

「**重要的是，察覺到負面思考的習慣後，要改變想法，不要再重蹈相同模式的覆轍。這時，採取其他什麼樣的看法會更順利呢？**」

此時，要讓當事人思考，說出自己的想法或處理方式。只要從旁協助、反覆操作，最後記下要點即可。

「**剛才你說的這些**，就是自己的要求就算被拒絕，也不要**認為**自己是被瞧不起的**方法**。**這是非常重要的處理方式。**」

在思考處理方法時，考慮到造成起因的情況也很重要。當事人自覺到在何種情況下容易發生的話，就能夠思考出更具體的處理方法了。

「為防止負面認知或行為模式，需事先得知在何種情況下會發生是非常重要的。你的話是如何呢？」

接下來，由當事人口中說出要求被拒時或不合己意時的具體情況，再加以回饋即可。

—常見的認知偏差與信念—

若能在某種程度上預先知道常見的典型模式，應較容易從偏差模式中跳脫出來。在這裡先將模式大致區分成與基本認知相關者以及與信念相關者，以利釐清。

(1) 與基本認知相關者

「你對事物的看法好像會有**非黑即白、全有全無**的感覺？」（二分法的思考）

「你好像會從一、兩個負面事件出發，**將所有事情想成都是如此**？」（過度類化）

「你**似乎不太會往好處想，只看到負面的地方，認為全部都是不好的**，是嗎？」（選擇性摘錄、負面思考）

「你似乎稍微有點**不如意的話，就會全盤推翻，陷入絕望的情緒中**，是嗎？」（災難化）

「你似乎**會對連與自己無關的事，都想成是自己造成的**，是嗎？」（個人化）

「你似乎會**依自己感性的印象，對事情下結論**，是嗎？」（任意推論）

⑵ 與偏差信念相關者

「你似乎**對於自己應該做的事情，如果沒有全部依己意而行就會覺得不安**，是嗎？」（「應該」式思考、「不完美就沒有價值」的信念）

「你似乎對於**自己被賦予的工作，只能自己來做**，是嗎？」（「自己的責任未完成的話，自己就會變得沒有價值」的信念）

「你似乎覺得自己無法決定任何事，是因為**不依靠別人的話自己什麼都不會**是嗎？」（「因為自己無能，不依靠別人的話無法生存」的信念）

「你似乎覺得**自己不被任何人所愛**，是嗎？」（「自己一無可取，所以誰都不愛」的信念）

「你似乎覺得**如果與人關係親密的話，就會被對方討厭**是嗎？」（「認識真正的自己的話，誰都不愛」的信念）

「你似乎覺得**總有一天會被別人背叛**，是嗎？」（「別人總有一天都會背叛，所以無法信任」的信念）

「你似乎覺得**既然都會失敗、受傷的話，一開始不要做就好了**，是嗎？」（「既然都會失敗受傷的話，不要挑戰就好了」的信念）

諸如此類。每個人都有各自的性格，雖然無須強迫做刻板的表現，但總有大致的模式。想進一步了解這些模式的話，請參考拙著《人格障礙》（パーソナリティ障害）或《了解人格障礙的書》（パーソナリティ障害がわかる本）應可輕鬆學習。另外，專業書籍則可參考《人格障礙的認知療法》（人格障害の認知療法，亞倫・貝克〔Aaron T. Beck〕、亞瑟・費里曼〔Arthur Freeman〕著，岩崎學術出版社）。

─個案強烈抵抗時的推進方法─

然而，認知扭曲嚴重的個案，並不承認與事實的差距，他們會將這樣的指責解釋成對自己的責難，覺得自己不被信任而感到憤怒。有的人則會反過來過度自責，甚至連旁人的問題都會想成是自己的責任。會責任轉嫁的個案大多難以修正。

認知扭曲嚴重的個案，大多容易陷入負面情緒，認為自己被傷害的想法很強烈。會一直認為都是身旁的人不好，自己做的明明是對的，卻被不公平對待。這時，若回想過往（發生的事）的話，只會喚起強烈的負面情緒，有礙客觀地回想事實。

這種情況下，何種對話方法是有效的呢？

首先，要表現出對受傷的感覺感同身受，必須強調絕非要責難。再詢問，之後就算被對方不當地對待，只要好好地處理，將被害縮減至最小限度，不是更重要嗎？

「剛才要你想的事，並不是要責備**你喔！是為了要讓你思考能好好保護自己的方法。就算對方對你做了討厭的事，也必須要保護自己，對吧？讓我們想想，這種時候，要如何去看待它才不會有不舒服的感覺呢？**」

感覺到自己的心情被理解，想要積極致力於改善的話，就是開始思考不同想法的時候了。不過，也有持續陷入自己受傷情緒的狀態，而丟出「死了倒好」或者「絕對不可原諒」等攻擊性的回應，或展現「無法有其他的想法。對方實在太可惡了，想揍死他！」等付諸行動的反應。

在這種情況下，就必須用能稍微轉換氣氛或使之冷靜的說法。重點在於，共鳴及肯定的反應。引導對方在出現負面反應、覺得受傷時，試著思考現實面的處理方法。

「不過，如果真的揍下去的話，就是**你的不好了。沒有演變成這樣，都是因為你能夠忍得住，這樣真是太好了。不過，一直忍耐下去的話，之後會大爆發吧？讓我們想想不要留下餘怒的解決方法吧！**」

另外，即便是說話也能成為轉換觀點的契機。

「**請想像一下拳擊比賽。當對方揮拳過來，揮拳回擊固然很重要，但是否還有另一件重要的事呢？是的。閃躲對方的出擊。就算自己的拳頭再強，如果是正面接招的話，就會被打**

嘛！請想想，與其生氣揮拳相向，不如練習好好閃躲比較好吧？」

實際上，認知的修正，與閃躲拳頭或柔道的受身練習（摔倒保護術）類似。當參與我們這場人生賽事時，碰到對方不斷地出拳，也是無可奈何的事，能好好地防守以免遭受致命攻擊，或用步法、後仰閃躲避免受傷等，聰明地接招也是很重要的。

要用盡各種方法重複運用這種技巧。若堅持要以對談方式的話，最後如果能讓對方笑出來時，就代表觀點能有所轉變。笑得出來是非常好的徵兆。因為笑或幽默，便是觀點轉變時浮現的產物。

在轉換觀點方面，還有一個有用的方法，就是互換立場想像的方法。

例如：若當事人是個對母親家暴的人，就請對方想像與母親角色互換的情景。突然要求對方想像的話，可能會立刻得到「做不到」的回應，所以應該要預先進行簡單的促發操作。

「你似乎很擅長想像呢！可以請你稍微想像一下嗎？假設的喔，請想像你卡在時空的裂縫或什麼的，你和你的母親角色互換了。所以你變成了母親，母親變做你。這時，身為母親的你對自己兒子所做出的行為覺得如何呢？」

依情況也可說：「我來扮演你的角色」，將當事人的言語或態度演給對方看，也是一種好方法。自己的行為被別人演出來的話，會發現該行為的可笑或無理，應該就會不自覺地傾吐出來。如此反思自己的態度，就能產生修正認知或行為的契機。

—追溯親子關係法—

一般的認知療法或認知行為療法，並不將偏差的原因本身當作問題；而是將為何產生如此偏差的原因擱置一旁，利用改變認知或行為模式，以期改善適應、解決問題。認知偏差可說是症狀診斷，而非原因診斷。比起探討為何會有偏差產生，更將為何現在仍持續一事視為問題，不追究原因，而致力於修正問題。這一點可說是與解決問題的方法相似。

然而，內心受傷嚴重的個案，有時單是處理認知的偏差就非常困難了。而此偏差會持續存在至今，其發生的原因就不能說是毫無關聯了。若不去解析原因，那麼狀況惡化的案例會不少。

追溯為何會陷入如此偏差的認知或信念，理解造成原因的經歷，追本溯源的結果，實際上會比較容易從根本上加以改善。

雖然也有身上插著玻璃碎片仍得治癒的案例，但若插著的是鉛製子彈，不冒險取出的話，恐怕就要一直受苦下去了。

那麼，到底偏差的認知或信念是從何而來的呢？對於該起源，貝克認為必須追溯至「本質與養育的相互作用」。他認為當一個孩子天生本質上的感受性，以及拒絕或遺棄、妨害等養育上的問題而變成不幸的組合時，即會形成「我不被愛」的否定性信念。

將這樣的想法進一步延伸，心理治療家羅娜·史密斯·班哲明（Lorna Smith Benjamin）認為，一個人幼時與父母等重要的他人關係，也會重現在人際關係上。因而發展出——自覺到這件事，以期能修正人際關係的方法。

實際上，這種方法已為許多心理治療家採納實踐。這個方法的重點在於，將現在發生的問題與過去的經驗加以連結。雖然須花費某種程度的時間，而且會暫時被挖出對父母批評的時期，使得不安或依賴加劇，但也是一種可能有更徹底恢復的方法。

改變思考歷程法TIPS

- 每個人抱持的信念各有所異，表現出的認知或行為方式也有所不同。信念乃是經年累月形成的，雖然非常頑固、無法輕易改變，但只要努力堅持，還是可以產生變化的。
- 自己不會察覺到是自己的習慣，便常會在不知不覺間陷入了認知的陷阱中。這就演變成生活的痛苦或麻煩的原因了。
- 從一開始就不要貼標籤。可以的話，等當事人本身察覺到自己的傾向，讓當事人說出近似的話會比較好。
- 笑得出來是非常好的徵兆。因為笑或幽默，便是觀點轉變時浮現的產物。在轉換觀點方面，還有一個有用的方法，就是互換立場想像的方法。

第五章

自我否定克服法

—修正強烈的自我否定—

各種認知偏差的背後，經常隱藏的問題是——自我否定的信念。這個部分無法輕易改變，就算表面上再怎麼想修正，若不去除底子裡存在的自我否定感，大多無法改善。

要如何修正這種自我否定的強烈信念，往往變得十分重要。自我否定同時也攸關著自傷行為或自殺等嚴重的問題，並會間接地做出傷害自己、貶抑自己的行為。例如：成為藥物或酒精成癮、違法行為或犯罪、不良行為等所隱藏的動機。有時即使想從正面來修正自我的否定，但也可能因前述一體兩面性的原理，反而更強化了自我否定。那麼到底該如何修正呢？

近年來，反覆企圖自傷或自殺的邊緣性人格疾患，在我們身邊有日益增加的趨勢。美國的精神科醫師瑪莎．林納涵（Marsha M. Linehan，一九四三～）致力於這種狀態的治療時，為了了解什麼樣的談話會使得對方產生良好的變化，便請第三者在進行研究時從旁監測。結果，林納涵得出的結論為 Validation（認可策略）。Validation 雖譯為「認可」或「確認」，但更容易理解的說法是：「這樣就可以了！」是種肯定的想法。

然而，去否認錯誤或問題，並非「這樣就可以了」一句話就可以結束。而是會演變成不誠實，且對方也無法接受的狀態，會認為「不會有什麼好事」。那麼，如果想要獲得對方認同，覺得「這樣就可以了」的話，該怎麼做呢？就是往好處想。告訴對方，不管任何糟糕的情況，一定都會有好的一面，用這種不看壞處、只往好的方面想的觀點。雖然確實有不好的地方，但其中也是有好處的。

這種認可策略，只要實際嘗試看看，就能清楚知道非常有效。尤其是在心理創傷嚴重的狀態下，更能發揮作用。甚至可能讓情況獲得逆轉。

這個方法，不僅是在自我否定上，亦有助於改善二分法的認知。原本林納涵思考這個方法的目的，就是想藉由改善二分法的認知，讓容易有「全有全無」、「全好全壞」等兩極化想法的人往好處想。然而，實際上，不只是二分法的認知，自我否定的信念以及與其相關的否定性認知整體，也都能因而獲得改善。

二分法的認知與否定的認知以及自我否定息息相關。完美才是好，不完美的話就是壞，如果是這樣的話，那大部分的事都是壞的了。如果別人和自己全都是不完美的話，那麼任何事都將無法讓人相信了。

為了改變這樣的想法，讓對方察覺被否定的事也有好的一面，便是關鍵所在。好的一面指的是：未察覺的好處、價值、優點、正確、教訓或智慧等。就算失敗也一定有所收獲，苦難或災禍會讓人變得更堅強、更聰明等等逆轉的想法。

—四個認可策略的對話技巧—

林納涵將認可策略的方法大致區分為四個：情感認可策略、行為認可策略、認知認可策略、啦啦隊策略。

① 情感認可策略

情感認可策略，一言以蔽之，就是讓當事人將情緒直接表達出來，並接受、理解，共享其意義且加以肯定。

現今，一般普遍的想法是，情緒若表達出來的話會愈發高漲，因為害怕它會變得無法控制，所以不太會表現出情緒，甚至被教導成要忍耐比較好。

然而林納涵卻抱持著完全的否定。她認為壓抑情緒反而會產生問題，導致情緒的失控。林納涵認為，人將自己的感覺直率地表現出來，獲得肯定的話，就會感到安心，覺得隨時都能被理解；那麼為生氣而生氣的情緒爆發，或問題行為也不會再發生了，反而會變得穩定。實際上以長遠來看，正是如此。

因此，專心地傾聽、理解、肯定對方情緒的表達，就變得相形重要了。

「能好好地說出自己的感覺了呢！這是非常重要的喔！」

「你會這樣想，很合理呀！」

「生氣、哭泣都是有原因的，我覺得很有意義喔！」

「非常生氣對吧？要不要談談發生了什麼事呢？」

接下來將舉例說明，應該避免做出與認可相反的不予認可的表現方法。

「你變得這麼情緒化，根本沒辦法談了嘛！」

「沒必要這麼想！你想得太誇張了！」

「不要一直抱怨，應該為當下而感恩！」

②行為認可策略

這是一種從理解所有的行為都是有原因及意義的觀點出發，對一切行為概括承受的策略。與此策略相抵觸的是「應該」的想法。若陷入只能做出正確的行為，不能做壞事的「應該」式思考時，便會對不可為而為之的自己予以否定。我們必須不斷傳達一種想法，以對抗這種「應該」式的思考，不將發生的事判斷為好或壞，所有的事都是會發生就會發生。甚至也要將認為「應該」的想法當作是有意義的，一併去接受。

例如：對於不斷做出自傷行為的人，不管如何地對他述說自傷行為是不好的，所以不能做，也就是告訴他「應該」的道理，都幾乎毫無效果。這種做法只會讓他覺得，做出這種壞事的自己是個壞蛋，如果再做壞事的話就會被拋棄等等。這種只有被威脅的感受，反而演變成了不被認可的感受，讓他更加處罰這麼惡劣的自己、加重自傷的行為而已。

對此，林納涵提出了完全相反的想法，也就是去理解、接受做出自傷行為也是有意義的，完全不予以否定、不責難這種行為，而是著眼在肯定行為的那一面。實際上，採用這種態度，會比採取禁止的態度更能有效地減少自傷行為。

人會被各式各樣的「應該」所束縛。這些束縛會讓人感到沮喪、痛苦。「應該要被公司的上司稱讚的。不然的話就是自己不行。」有些人就會像這樣，在內心的某處將自己給束縛住了。

對於這些「應該」，我們要告訴他，絕對沒有這回事，任何生活方式都是可能的，雖然未能符合期待，但完全無損你個人的價值，未如你所願也是有好處的。以逆轉的想法，連不順利的過程或結果都予以肯定、接受。

而首先重要的是，讓當事人誠實地說明自己的行為，不是感情上的解釋或一廂情願的想法，引導他客觀地說出事實才是重點所在。

「發生什麼事了？可以直接告訴我嗎？沒關係，不會因此而責怪你的。」

「你的感受雖然也很重要，但實際的行為，是如何的呢？」

盡量只客觀地描述事實、互相共享，不要負面地解釋其行為，而是要找出肯定的意義。

當對方陷入強烈的自我否定時，這個動作顯得特別重要。

「發生了什麼事，才會做出這種事吧？」

「我想這樣的行為，應該有什麼用意吧！」

「你覺得這樣算是失敗，是嗎？」

「因為這件事而感到自責，是嗎？」

找出陷入「應該」式的思考，指出這一點，告訴他這並非唯一的正確答案。

「為什麼會覺得非得這樣不可呢？」

「並沒有什麼非得這樣不可的事喔！人生的答案又不只有一個！」

再進一步討論從該行為習得的智慧或教訓、該行為的附加意義。

應該避免的表現不只有否定其行為，還要避免完全否定對方的努力或人格，也不能使用放棄等威脅性的說詞。

「你又這樣了！到底在想什麼啊？」

「同樣的事到底要做到什麼時候啊？根本毫無改變嘛！」

「又幹這種事的話，就不理你了啦！」

③認知認可策略

讓當事人察覺他的想法認知或一廂情願的信念有所偏差，並加以修正的認知療法已在前一章討論過了。利用認知療法，可使當事人自覺到自己認知的習慣對生活造成的不利，進而促使想要修正為更容易適應的想法。

認知認可策略，為了讓當事人注意其認知或信念偏差這點上是相同的。但接下來就不一樣了。林納涵發現，一般進行的認知療法，會指出當事人的認知與現實的差距、駁倒他一廂情願的想法、告知想法的錯誤不被認同等，對於容易受傷、不穩定的人而言，其實具有反效果。而且發現，對於當事人的認知或信念就算再不適應，也不要加以否定、要求改正，反而要從肯定面向給予認同，能有助於修正負面認知的偏差。

各種「患者」、「有問題的孩子」、「有問題的員工」等，很容易被有色的眼光看待；他的感情、行為，以及想法、思考方法等，可能在一開始就被認定為不正常者也不在少數。他們認真說的話、理解的事，也常會被貼上「苛求」、「苛責人」、「成癮」等負面標籤。

即使被說成「你的想法是全有全無型的思考」或「你只是被害妄想而已」，當事人也會對陷入如此的境地感到無能為力。另外，不論變成如此局面的理由或狀況為何，只是向他說明認知偏差的話，也無法感覺到自己的心情被諒解，只會覺得自己被否定了，因而變得愈發不知道該怎麼辦才好，自信心也會喪失殆盡。

然而，林納涵的方法則完全相反。

假設有一名被上司注意而感覺非常沮喪、對任何事都感到厭煩的女性。

在這種情況下，一開始最重要的是，徹底區別出「現實發生的事實」以及此人「腦中發生的事」。因為，愈是不穩定的人，愈容易將兩者混為一談。將「被上司注意」的事實，夾雜了「上司討厭我」或「上司欺負我」的解釋，並立刻置換成這樣的想法。此時，就要練習單純地只將客觀的事實挑出來。不要被成見左右，只去看事實的本身。

首先，要讓對方說出事情是怎麼發生的？當中若發現夾雜了自我解釋的說明時，不要予以否定地說：「不是這樣的吧？」或「這是你自己認為的吧？」而應在感同身受的同時，繼續詢問、挖掘事實。

「是因為什麼樣的事而會這樣想呢？」

如果她回答：「都只有注意我！」的話，就進一步詢問，被注意了幾次？別人都完全沒被注意嗎？等等具體的狀況，將事實與成見的部分區別開來。不過，這時不要去證明當事人的想法只不過是成見，這一點與認知療法是不同的。要在區別事實與自我解釋的操作程序後，再讓對方接受：

「上司似乎是個連細節都會提早注意的人呢！所以，**可能不是**因為討厭妳才注意妳的啦！不過，妳被注意的話，就會覺得是被討厭，對嗎？」

這個方法的優點在於，不是在堅持任何一方的主張，也提出了其他的可能性，採用接受對方的感受這種雙重方法。對方就不會覺得自己被否定，而容易接受其他的看法。

關於之後的做法，一般的認知療法會傾力於直接修正，看能否接受其他的想法；但認知認可策略卻認為，會有這種想法絕對代表了某些意義，應該找出隱含的真理與智慧，認同其明智及獨特的價值。

「妳這種想法，或許有讓妳痛苦的一面，但在妳過去的人生道路上，應該也具有某些重要的意義。」

「妳這種想法，總是保護著自己呢！」

像這樣，著眼於正面肯定的意義上。

當然，引導當事人發言並深入討論的重要性自不待言。

這樣的交流方法，為什麼會讓人開始轉變呢？對於想用正面進攻法教導正確觀念的人，或許無法理解。然而，人就是這樣。尤其是內心帶著傷痛、容易受傷的人，當被嚴加指責說就是因為這是正確的事，所以一定得做的話，那麼只會帶來反效果。

原因在於，他們就是因為不被認可而失去了活力，因而累積了滿腹的負面思考。在這種狀態下不斷地重複不僅無益，更會使得事態一味地惡化。這個時候，最重要的，就是被認同、被接受。當理解到自己被認同的話，就會產生正面的能量，就不需要再戀棧討厭的自己了。

④ 啦啦隊策略

這是一種想要讓極度低潮的對象振奮起來，想讓正要放棄的人再次找回希望與鬥志時，必須使用的策略。這個時候，若用不帶感情或熱忱的言語，是怎麼說都沒用的，而且還有可能會讓對方覺得隨便怎麼樣都好。

在這種緊要關頭，要如何才能堅持下去，要如何迎接挑戰，將左右著事情的成敗。此外，成功經驗也攸關著是否能找回自信。

在被逼到極限的狀態，就像在擂台被逼到角落的拳擊手一樣。擔任助手的教練，面對一面倒的選手，要如何再次點燃他的鬥志呢？當然，做戰術的說明可能有用，但能立即傳達且直接打動內心的話語，或許更有效。

這種教練式的做法，林納涵稱之為啦啦隊策略。雖然可以說是一種對話的特殊形態，因為在現實生活中，比起麻煩的對話更有效果，所以實際上經常被使用。在體育界，擅長使用這種手法的人也不少。特別是參與團體競賽的人，在團隊比賽中，自然而然就能學會了。這種聲援喝彩以克服難關的經驗很有幫助的。

啦啦隊策略，除了理性外，也要投入感情的部分，所以必須要有能控制這兩者的技術。

屬於理性知性類型者，大多不擅長這種方法。但就算不擅長，有時也不得不做。那麼，就先將林納涵舉出的重點記下來吧！

(1)「幹得好」

如果對方現在想要放棄的話，告訴他哪裡做得不好，或是應該改正那些之類的，只會讓他覺得自己的能力被否定，反而會產生反效果。此時必須要先肯定他的全力以赴的努力態度，並加以讚賞。

(2)「你一定能做到」

再也沒有比表達出相信當事人的可能性，更能激勵出對方的勇氣了。希望大家能想一想畢馬龍效應。

(3)「你是有能力的」

再進一步，強調具備可能性的能力，亦即更加強化畢馬龍效應。如果被問道「你怎麼知道呢？」只要帶著堅定的語氣回答**「因為看你一路走來，所以我很了解！」**就可以了。

(4)反駁來自外界的批評

即使予以肯定，也有可能會遭其他人潑冷水。這個時候，當事人就會引證被否定時的批評，覺得「自己果然不行」，而又走回頭路了。所以當遭遇明顯不當的批評時，必須立即駁回這種想法。

「我覺得不是這樣耶！他完全不知道現在的你是如何。現在的你並不是這樣的。」

「你聽到這些話後，覺得如何呢？能夠接受嗎？不能接受的話，表示你並不是這樣的。我也覺得不是這樣。」

不過，當事人會在意這個批評，就表示他是個很重視批評的人，所以應該要避免去否定批評的人比較好。重點在於，要把這個批評轉為正面肯定的解釋。

「這應該是為了要激勵你，才把話稍微說得重了點吧！我想他了解你做得很好的。」

(5)「沒關係，有我陪著你」

表達自己一直在身邊支持聲援，對強烈的不安感或脆弱的人而言，能稍微再激起想要嘗試挑戰的心情、維持住鬥志。強調過去一路一起走來這點也很重要。

「希望你能回想起，我們是一路一起努力過來的。都經歷過那麼多大風大浪了，再稍微加把勁吧！」

(6)「你做得到的，再試試看吧！」「想想看能完成什麼呢？」

稍微恢復點幹勁後，接下來要擔心的是，這個真的能夠實現嗎？應該還記得吧？一體兩面的心理矛盾有兩個，一個是是否可能執行的矛盾。如果還是覺得不可能的話，那麼好不容易找回的氣力又會消失了。所以一旦好轉，就必須立刻對具體的策略。此時，與其過度著重在想達成什麼，不如考慮能夠做到什麼會比較實際。由此突破難關者亦不在少數。

(7)持續陪伴

最後，要表明不管順利進行與否，都會持續陪伴在對方身旁。未能順利進行時，也一樣會持續地陪伴，強化連這種時刻都沒有被拋棄的想法，可望消除他的自我否定感。**「不管任何時候都會支持你喔！」**的姿態是很重要的。另外，比起結果要更重視過程，讚賞進步的部分，予以肯定也很重要。

「在困難中能堅持到最後。雖然嘴上嚷著沒辦法，但能做到這樣的程度，我覺得你實在很厲害！這次做到這樣就夠了，下次再挑戰就好了。」

肯定當事人的努力，能讓當事人湧現出積極向前的鬥志，可望再次接受挑戰。

自我否定克服法TIPS

・理解、接受做出自傷行為也是有意義的，完全不予以否定、不責難這種行為，而是著眼在肯定行為的那一面。實際上，採用這種態度，會比採取禁止的態度更能有效地減少自傷行為。

・人將自己的感覺直率地表現出來，獲得肯定的話，就會感到安心，覺得隨時都能被理解；那麼為生氣而生氣的情緒爆發，或問題行為也不會再發生了，反而會變得很穩定。

・「妳這種想法，或許有讓妳痛苦的一面，但在妳過去的人生道路上，應該也具有某些重要的意義。」……像這樣，著眼於正面肯定的意義上。

・啦啦隊策略：「幹得好！」「你一定能做到！」「你是有能力的！」「沒關係，有我陪著你！」「你做得到的，再試試看吧！」「想想看能完成什麼呢？」「不管任何時候都會支持你喔！」肯定當事人的努力，能讓當事人湧現出積極向前的鬥志，可望再次接受挑戰。

第六章 焦慮依附型人格應對法

—何謂穩定的關係—

目前為止談到的對話技巧，有一個大前提就是在對話的兩人之間，要建立起某種穩定程度的相對關係。

為了讓對話順利，最好是能維持信任關係，並朝著同一目標建立起合作關係，同時也可期待著豐碩的成果。

而要使談話有效發揮統整功能，不可一直由單方說唱獨角戲，彼此的對話也很重要。因為如果是我方發問，對方完全不回答，只一味地述說其他的事時，之前提到的談話技巧就難以見效了。

然而，在現實中容易出問題的人經常是不穩定的人，而且大多並不擅長溝通。

本章的主題便要探討，什麼樣的對話技巧才能有效地讓這種個案順利進行。

那麼，究竟所謂的關係穩定指的是什麼？為什麼在穩定的關係中，對話能比較有效地發揮作用呢？

—轉移與抗拒—

精神分析的創始者佛洛伊德的發現之一，就是在心靈康復過程中會產生名為轉移（displacement）的現象。所謂轉移指的是，我們在兒時對心目中重要的人物所懷抱的感情或思想，會轉而以別人來替代。以正面感情為主時稱為陽性轉移，一般說的轉移指的就是陽性轉移。相反地，以負面感情（嫌惡、反感等）為主者，就稱為陰性轉移。若當事人產生轉移（陽性轉移）的話，會認為治療者是「好人」，感覺很親近；相反地，產生的是陰性轉移的話，則會覺得對方是「討厭的人」而產生反感。不管哪一種都是在無意識下產生的，當事人也不明白為什麼會產生這樣的情感。

佛洛伊德發現，雖然要使精神官能症康復必須經過轉移這個過程，但同時也發現會產生障礙。產生轉移時，若執著於過去控制當事人的情感時，也有可能會演變成想要逃避面對問題的「抗拒」。

例如：有不少女性想要努力解決問題，但比起這些重要的問題來說，對治療者的戀愛情愫卻導致她們的心緒更加紊亂。這類的問題，不只是佛洛伊德自身，也困擾著他的後繼者。精神分析便將這種無意識的轉移現象，藉由積極的意識加以克服。而另一方面，羅哲斯則認為，在接受與產生共鳴的同時，保持中立性對於維持穩定的關係很重要的。

然而，承繼佛洛伊德的精神分析及羅哲斯方法的心理諮商，卻經常陷入窘困的局面。一群個案的本身在關係尚未順利建立時，另一群個案就會因愈發嚴重的混亂而結束；而當一群患者對治療者產生反動，同時激烈地抗拒治療，另一群患者則因產生轉移而變得愈發不穩定，引發擾亂及挑撥的情事。

另外，還有許多患者因為症狀好轉而打算停止治療時，症狀卻捲土而來，做出令人感到困擾的事，對停止治療產生抗拒的也不少。

—不穩定型依附的發現—

困擾著佛洛伊德及其後繼者的問題，直等到一九六〇年代才出現解決問題的關鍵，距離佛洛伊德死於第二次世界大戰十多年後。約在佛洛伊德之後半世紀的時代，最初由英國精神科醫師約翰．鮑比（John Bowlby，一九〇七～一九九〇年）針對依附這種現象，提出了依附理論。所謂依附，是指對於某個特別的人感到特別的連結現象。此一連結的起源，可追溯至嬰幼兒時期與養育者（通常是母親）的關係。

約翰．鮑比的理論，雖然是從母子關係出發，但在他後來的研究卻發現，依附的穩定性亦攸關其他的人際關係。能與母親保持穩定的依附者，長大之後也比較容易與相關的重要人士建立穩定的依附關係，對於其他的人際關係也較容易穩定下來。兒時的依附模式，長大後也會維持某種程度的常態性，進而固定為依附型態（attachment styles）。

現今，依附型態大多被理解為具有「依附焦慮」及「依附迴避」兩種要素。也就是說，可以分成四種類型：依附焦慮及依附迴避皆低的「穩定型」、依附焦慮強烈的「焦慮型」、依附迴避強烈的「迴避型」、依附焦慮及依附迴避皆強烈的「焦慮、迴避型」等。穩定型以外者皆屬不穩定型，約有三分之一的成人被認為具有不穩定依附關係。

另外，在顯示不穩定依附模式的兒童中，有會利用脅迫或討好父母或其他重要人士的控制手段，以謀求關係穩定的個案，這種稱為「控制型」。從控制型變成穩定型者，或變成不穩定型者皆有可能。

—因應依附特性的對話—

從依附的觀點來看，佛洛伊德面臨的問題，即是圍繞著依附及穩定性的問題。轉移這個現象本身，是以依附為基礎產生的。面對任何人都難以產生依附關係的依附迴避型者，比起現實生活中的戀愛情感，會更容易轉移成非現實的幻想。依附焦慮強烈，不依賴誰就不行的依附關係不穩定者產生轉移的話，則容易萌發戀愛情愫，擔心是否會被對方拋棄的焦慮高漲，變得惴惴不安，而想要更加獨占對方，進而做出令人困擾的事等等。就算好不容易好轉了，也會害怕治療結束後就見不到治療者，因而再度回復到不穩定的狀態，這也是依附焦慮的特有行為。

依附關係不穩定的人，會有個問題是，當一開始認為對方是「好人」，但一旦被對方的言語所刺傷，或不符合自我期待時，很容易就會突然把對方視為「討厭的人」。而難以維持穩定的信任關係，當自己說的話被「分析」或「解釋」的話，也很容易感到是被責難或攻擊，其結果就是，容易與治療者的關係不睦。

總言之，佛洛伊德的方法，在某種程度上對於依附關係穩定者是有效的，但對依附迴避強烈、依附焦慮強烈的個案，就容易產生困難了。

羅哲斯的方法在一般的對話中也同樣適用。可以根據對方是依附關係穩定型、依附迴避強烈型或依附焦慮強烈型的差異，在維持友好信任關係的難易度上亦截然不同。

進行對話時，若不先判斷出對方是何種依附關係者，除了難以建立有意義的關係外，還會徒勞無功，且原有的善意也會招來意想不到的麻煩，演變成感覺非常討厭的結果。而且近來，依附迴避強烈型或依附焦慮強烈型的人愈來愈多，因此對這點的理解也變得更重要了。

本章要探討的，便是因應當事人依附特性的對話方法。不過，在此之前，我們要先談談，當從依附的觀點來看時，進行對話具有何種意義？要使對話變得有效的必要條件為何？

—成為安全基地—

要培養母子穩定的依附關係，可透過擁抱、哺乳等身體上的連結關懷為基礎，持續不斷地關心孩子，迅速地回應孩子的表情、動作或聲音，滿足孩子的需求是很重要的。這種關係用一種絕妙的說法表示，就是「安全基地」。這個用法最早是由約翰・鮑比的重要後繼者瑪麗・愛因斯沃斯（Mary Dinsmore Salter Ainsworth，一九一三～一九九九年）開始使用，後來被廣為採用。

這個說法很妙的「安全基地」一詞，可以說是適當地表現為維持培養穩定的依附關係應有的條件。

要有良好的安全基地，首先必須要有安全的關係。另外，求助時能有所回應也是要件之一。不過，不能誤解的是，安全基地並非安逸的樂園。它是為儲備能量以便有朝一日能離巢而獨立之用，而隨著成長，逐漸離開這裡獨立生活的人雖然愈來愈多，但在非常時刻卻依舊能回來尋找依靠，待脆弱的身體或受傷的心在此獲得療癒後，即能再度往外飛，同時也是個提供支援的場所。

自立的過程若能進行順利，當遇到困難時，就不須立即趕回安全基地，而會在自己的心中形成安全基地，變得自己能夠支持自己。另外，也能與新的結識對象產生信任關係，把它當作安全基地，當遇到困難時得以求助或互相商量。擁有安全基地的人，便能再度拓展新的安全基地。

用這樣的觀點重新看待對話或社會關係時，可將對話區分為兩大類。一種是與作為安全基地存在的對話，另一種是與安全基地毫無關聯的對話。前者是以支持為目的，具有共鳴的做法；後者則是圍繞著利害、優劣、真偽的討價還價型做法。

這可以說是因應了第一章內容中所談到的，對話的兩種功能——提升安全感的作用與妥協對立的辯證法之作用。不過，對話如果進展順利的話，雖然能克服對立，但失敗的話，對立也會更加顯著、強烈。

因此，截至前一章為止所探討的內容顯示，對立會增強或會被克服，不外乎是以這個對話作為安全基地，並左右著能發揮多少的功能。

若是以為了加深對立、擊敗對方為目的而對話的話，就另當別論。當為了克服對立或矛盾，為了解決問題而進行對話的話，這個對話就必須具有成為安全基地的要素，才能順利進行。

—良好安全基地的條件—

那麼，要能成為良好安全基地的對話，或是表現出的社會性關係是什麼呢？要作為良好的安全基地、發揮對話功能，必須具備什麼樣的條件呢？答案不外乎是再度回答所謂的安全基地是為何物？因為非常重要，所以現在再做一次歸納整理。

第一、保障安全，以及提升安全感。

第二、具有能感受對方的感覺或需求的感受性。

第三、對於對方的行動，具備予以反應的回應性。為了做出即時的回應能待在身旁最好，但就算不在身旁，最好也能在非常時刻予以連結。不過這也不是即時性的，重要的是要讓可以何時、如何連結變得明確。

回應性的「回應」一詞包含了多種涵義。回應對方的需求也是其中之一，對於對方的表情或動作有所反應、關心或關注對方也包含在內。

若缺乏回應性，一般會給予對方不滿足的印象，幾次之後，就會演變成「人在不在都一樣」的狀況。重要的是，所謂的回應性，是對當事人的行動做出反應，並非由我方做出行動。主導權完全是在當事人身上。

如果搞錯了這一點，而單方面地過度採取行動的話，就會變成「覺得煩死了」，而非安全基地了。

之後還會繼續提到，依據不同的類型或狀況，有時必須保持高層次的感受性及回應性，有時則要稍加壓抑會比較好。

第四、具有穩定性。這也是守護第一點的安全感時必要的條件。作為安全基地的存在，不可叨叨絮絮、朝令夕改，或依心情在態度和原則隨之改變的話，就無法成為能安心安居的所在，會讓人陷入一片混亂。

第五、與前述回應性時所論及的有關，就是保障自由的主體性。想出去時，隨時都可以出去；想回來時，隨時都可以回來是最理想的。若須配合安全基地一方的狀況而覺得綁手綁腳的話，那就苦不堪言了。

不管與哪種類型的人相處，以上這幾點都可以說是在作為良好的安全基地，進行具有意義、創造性的對話上，非常重要的條件。同時，是否也察覺到，在這裡所討論的，其實是將前面所論述的方法換個說法而已。

掌握了這幾點後，我們就要來思考因應依附類型的對話了。首先必須先了解與依附關係穩定者的對話是為何物？

—與依附關係穩定者的對話—

依附關係穩定的人，希望的是直率、對等的對話；喜好具有實質性的、創造性的、生產性的對話。就算對他稍微說了些嚴苛的話、做些不中聽的指責，也不會因此反應過度而受傷，反而會對說出逆耳忠言的人表示尊敬，還會將只會說好聽話或不會吐槽的他人，視為無趣、無聊的人。

就算是難以啟口的敏感話題，也能不帶情緒冷靜地說出來。不愛用隱晦曖昧的說法，反而偏好公開誠實的說話態度。因此光明正大、誠實以對的談話的方法是最佳的。

與依附關係穩定的人對話，因與接下來要談的依附關係不穩定者的對話有著天壤之別的差異，因此首先要有所認知。

接下來，要談到與依附關係不穩定者對話時，應留意的事項。

想進一步了解依附類型者，請參考拙著《依附障礙——帶著孩提時代傷痛的人》（愛着障害　子ども時代を引きずる人々，光文社新書）等。

1 焦慮依附型人格應對法

—不要刺激焦慮依附—

焦慮依附強烈，擔心是否會被對方拒絕？是否會不被認同？會看對方臉色、容易過度迎合對方的依附類型，就稱為不穩定依附型。

這種類型的人，大多數尚無法整理出與父母（養育者）的關係，常會牽扯入過多的負面情緒。又稱之為「被困型」。總是冷靜開朗的人，只要談到父母或出身，就會突然變得沉默寡言、很情緒化。

這種類型對於認同欲求很強烈，對於被拒絕或被拋棄，抱持著過度的焦慮感。為了不威脅到其安全感，充分考量這種強烈的依附焦慮是很重要的。

只要他不像平時那般回話或打招呼，就表示這類型的人陷入了強烈的不安或非常嫌惡的情緒中。此時不能擺出放任不管的態度，就算是開玩笑也不能表現出來。同時也不可以威脅要拋棄他，想要藉此加以控制。這樣的做法，當場或許有效，但當事人會想有正遲早都會被拋棄，而導致信任關係出現了裂痕。即使沒有被拋棄，也會想要自我放棄，誘使他做出出乎意料的背信行為。

「會一直不變地關心你喔！」

「遇到困難時就來找我商量吧！」

如此一貫的態度與行動會讓依附焦慮者冷靜下來，變得穩定。

—不可滿足於對方配合的反應—

對依附關係不穩定的人來說，最重要的是被對方所認同。與這種類型的人對話，首先要做的心理準備就是不厭其煩地傳達「我認同你的價值與能力」這個訊息。在依附關係強烈不穩定的狀態下，當事人只會配合對方說好話，無法達到具實質意義的對談。

不穩定型的人很會察言觀色，大多會一面注意對方的反應，一面做出完善的回應，以免遭對方否定、疏遠。雖然感覺上好像很配合對方，但並非是衷心順服。甚至還有不少人會在私底下說對方的壞話、責難對方。兩面性非常強。

與依附關係不穩定的人對話時，首先必須知道的是，對方若只是配合的態度，那麼就不是真正的對談。為了打動這類型的人、讓對方開啟心扉由衷地說出真話，那麼當對方說出有違期待的話語時，我們的反應將左右著對話的成敗與否。依附關係不穩定的人會試探我方將做出什麼反應。如果總是加以否定、說教：「不准這樣說！」或「才不是這樣吧！」那麼對方就會緊閉心房，只是在配合演出；或是反而將聽者當作是不理解他的人而感到厭惡，產生反抗。

這個時候，要說出：「**你可以好好表達了呢！**」「**真是有趣啊！**」「**這可是新的切入點喔！**」肯定的接受是重點所在。就算想法不同，如果能將發掘對方觀點的過程當作是一種樂趣，大方接受的寬宏度量是必要的。

—指出問題點時要特別小心—

對依附關係不穩定的人指出問題點、陳述不同意見時，必須要注意這種類型的人被人指出問題點時，很容易把它認定為是責難或攻擊。聽到與自己相左的意見，就會覺得自己被否定。無法冷靜地接受意見並修正自我，有時還會起憎恨心、在背後說他人的壞話，或鑽牛角尖地予以反擊等。

所以，經常性地以「我這不是在責難你，只是指出你的做法而已，我一直都非常認同你，希望你不要誤解，好好地聽我說。」等開場白來切入是必要的。

要指出一個問題，至少要給予一個肯定的評價後再進行，會比較容易被接受。

當依附關係不穩定的人作為領袖、掌握主導權時，很容易引發令人困擾的事。面對跟自己不同的意見會感到強烈的不安，結果就是完全不認同這些意見，容易將唱反調的人視為敵人。也就是當有人提出與自己不同的意見時，就會否定這個人的存在，並視為是一種威脅。身為領袖，很容易顯現出胸襟狹窄的特質。如果違抗的話就會在身旁說些壞話，想要加以排擠。

與依附關係不穩定的人對話時，要特別留意不要威脅到對方的安全感；發表不同意見時，也必須先表明尊重對方意見的態度後，再說明自己的意見。即便如此仍不被接納的話，就乾脆撤退不要談了。繼續花費無謂的力氣，只會愈發威脅到對方的安全感；與其誘發出敵對的行動，不如把精力及時間用在別的地方。要從意見相同或共同關心點切入，也是一種做法。對方可以放心地談話，不必擔心自己會被否定的話，也就不會有想要攻擊的想法了。

就算是開玩笑，也不要用責難對方的說法比較好。依附關係不穩定者的特徵，就是容易把被講過的話記在心裡。因此在對話時態度要謹慎，就算打開了話匣子也不要得意忘形地開玩笑。與這種類型的人溝通時很容易禍從口出。

—動之以情而非說之以理—

依附關係不穩定的人，很容易做出情緒化的過度反應。覺得討厭的話，就會一路討厭到底。所以一旦被嫌棄的話，就得要花費非常多的氣力才能擺脫了。

但想用道理說服對方幾乎是毫無效果的，有時反而還會遭到反擊。與其說之以理，動之以情還比較有效。因此，想要打動依附關係不穩定者的話，比起用理論說服，不如訴諸情感更為重要。訴諸情感最有效的方法，就是傳達自己的經驗或自己的想法。因為就算說再多正確的事，始終都還只是紙上談兵，對這種類型的人起不了什麼作用。如果無法與當事人本身經歷、想法等真實體驗連結的話，是毫無說服力的。

依附關係不穩定的人對開誠布公、談論自身經驗的人，會產生一種親切感。反之，對於不自我坦承，只想用理論說服人的人，則容易抱著「所以又如何？」的想法，絲毫不為所動。

不過，若是靠保持距離來維持關係時，就不要特意地投入情感，而且還要極力避免自我披露，只用理論性的說詞、冷靜對談的方式會比較好。要看你是想要打動對方的心，或是以理服人，對話方法也會有所不同。

2 迴避依附型人格應對法

—永遠保持距離的人—

不喜歡親密的人際關係，保持著一定的距離，避免過於親近的依附關係，稱為迴避型依附關係。他們通常很認真、感覺很優秀，好像很容易跟人打成一片的樣子，但不管過多久，距離都無法縮短。對於工作或感興趣的事可以談論很多，但不太喜歡談論私人的話題或家庭或自己過去有關的事，這些都不想談。

因此，他們不擅長對人撒嬌或依賴他人，也幾乎不會自發性地尋求商量。

談話時，雖然可以對答如流，但單單只是希望他們說出這些事，就很容易讓他們感覺隱私被侵犯了。而且，他們也不喜歡表達自己的心情。與這種類型的人談話時，談論中立性或對方感興趣的話題應該是最安全的了。不踩底線，不威脅到對方的安全感來應對是最基本的。以長遠來看，可望能建立起信任的關係。

迴避型的人總是喜好制式的應對，容易對不按牌理出牌感到困惑。雖然一直重複相同的事應該讓人感到無聊才是，但對這種類型的人來說講相同的事才會感到心安。

—接受自說自話—

迴避型的人大多不擅長溝通，在對話時不太會考量到對方，往往只會熱衷地談論自己所關心的話題。當你問他話時，很容易只對本身感興趣的話題滔滔不絕。有時，當對方講了一陣後，也想稍微回應一下時，對方卻會表現出突然失去興趣的樣子。

因為無法配合話題對談，所以與這種類型的人對話時，會累積不少壓力。不過，熱心地聽取這種單方面的講述也很重要。持續聆聽單方面的陳述，令人意外的有時完全無關聯的事會產生連結，還可能傳達出重要的訊息。所以，把它當作當事人獨特的溝通風格，而予以尊重，用關心與同感回應的話，便可能會發展出意料之外的結果了。

對於這種類型的人，在聽取他個人沾沾自喜、躊躇滿志的對話中，有時也會連結到稍微深刻的對話，而這大多是成為建立親密或信任關係上最初的敲門磚。

—共享對工作或興趣的關心—

對迴避型的人而言，比起愛情或人際關係，更重要的是，對工作或嗜好的興趣。換言之，想要與迴避型的人維持穩定的人際關係，重要的是，共享相同的興趣或關注。

誠如第一章所述，所謂的共享關心，雖然是適用於所有的人際關係與對話，但在與迴避型的關係中更顯得重要。相對地，就算其他部分毫無共通點，在興趣或工作領域上如果能有共同的關心，在拉近關係上也會成為強大的助力。如果缺乏共同關心的部分，但又必須與當事人加深關係時，就需要「打進」當事人的興趣領域，以達到共享關心的決心。這個時候可以請當事人引進門，接著再循序漸進。總之，這個部分的交流，會為建立穩定的依附關係上帶來突破。

以此來看，對這種類型的人而言，興趣或關心一致的伴侶，應該是求之不得的吧！實際上，這種類型的人能夠經營幸福的家庭生活，通常是原本就擁有相同的關心，或者另一半願意認真地來迎合當事人。

—克制感情，一步步地靠近—

迴避型的人，大多都對強烈的感情感到不舒服。因此，盡量不要過度地表露，適度地表現比較好。在表達共鳴或親密感時，表露過多的感情而糾纏不清的話，會增強對方的警戒心。然而，這種做法對於化解迴避型者的內心，也有裨益的一面。例如：與防禦心強的兒童玩相撲，使得他因而打開心房的案例。透過肌膚接觸或豐富的情感表達，以稍加強迫的方式縮短了距離，因而解開了警戒心。如果是因為對方保持距離，所以我們也要保持相同距離的話，那麼不管過了多久，距離都不會縮短的。

不過，最安全的方法，還是不要過於著急，花點時間慢慢縮短距離。這樣的方式也才會讓關係長長久久。有時，雖然在對方警戒時，以突然趁虛而入的方式對方會接受，但這樣做並沒有尊重當事人的主體性。以長遠來看，這種關係很容易出問題。

3自戀型人格應對法

——控制型依附模式與自戀——

依附焦慮強烈、總是擔心自己是否被討厭的焦慮型，與不想與任何人親近的迴避型這兩種依附類型，是採取不同性質依附的類型。這種類型，是以支配、控制的型態展現出依附的方式。也是先前提過的，被稱為「控制型」的依附。控制型的人，本身代表的就是一種「標準」或「法律」，掌控著身旁的人。

控制型的兒童長大後，容易表現出的典型，就是自戀性格。自戀性格的人對自己擁有過剩的自信，認為自己是特別的存在，期待世界是以自我為中心運轉。若事情的進展未能符合己意時，就會感到強烈的憤怒，而對礙事者予以猛烈的攻擊。

控制型也會發展出其他類型的性格，但大部分的共通點是，想要依己意而行的欲求很強烈，如果這點被破壞的話，就會感到極度的挫折。換言之，在控制型的人當中，會看到支配這種些許自戀的徵兆。

控制型，是在與父母依附關係不穩定的四～六歲左右兒童，即會顯現出來的行為模式，兒童藉由控制父母，以獲取穩定關係的結果。

在理解依附型態時，除了依附焦慮、依附迴避等兩個要素外，還有一個重要的第三要素，就是控制。這個要素，特別是與自戀性格有著深厚的關係。

—自戀膨脹的問題—

扭曲的自戀性格常是造成麻煩的根源，將人際關係變成了拷問。

若問病態的自戀性格為何會造成問題，就在於並不是只有當事人本身，就連身旁的人也會被捲入而感到痛苦。病態的自戀性格具有各種面向，而最有害的一面，就是缺乏同理心與過剩的支配了。就像是在缺氧的環境下還強迫勞動一般，營造了最惡劣的心理環境。如果事情不按自己的旨意而行，就會沒完沒了；一旦變得無情，那麼跟任何人都無法持續交往。

這種具有嚴重自戀問題的人與日俱增。如何與自戀型的人相處，已經成了非常大的問題。就算還不至於那麼極端，但在許多的領域裡都充滿著自戀傾向者這點看來，或許可以說現代人或多或少都有這種傾向吧。許多人都想要依照自己所願地掌控局面，希望事情朝自己所期望的方向發展。而比起體貼他人，更容易偏向關心自己。

在這樣的狀況下，只是把自戀性格視為問題的話，將無法順利進行。而如何讓自戀性格者能獲得良好的發揮，這樣的觀點才是必要的。

——柯赫的自體心理學——

實際用這樣的觀點重新檢視自戀性格、致力於自戀型人格障礙治療的是精神分析醫師漢斯・柯赫（Heinz Kohut，一九一三～一九八一年）。柯赫對於自戀人格不抱持否定的態度，甚至認為，這是讓人類的生存或可能性蓬勃發展中重要的一環。只不過，自戀性人格者，因為在發展自戀的途中停滯了下來，所以必須稍加培養。透過治療的實踐，確立了該如何順利支持自戀性人格者、促使自戀成熟的有用方法。從這當中，我們也可以學習到重要的對話技巧。但在這之前，先來稍微談一下，所謂的自戀型人格障礙是什麼。

自戀型人格障礙的特徵，就是擁有過剩的自信心與自尊心，對他人充滿自大感、缺乏同理心的態度；他會將自己視為特別的存在、懷抱著浮誇的願望、期待周圍的人給予特別的對待或讚賞等。若這些未能如願，便會感到強烈的憤怒與挫折。實際上，其中也有不少有能力的人或成功人士。但當現實人生事與願違時，他們就會陷入抑鬱而繭居，靠著控制與支配符合己意的對象，來發洩不滿。

就算不至於完全符合，在我們的身旁應該還算不少，在某種程度具有如此傾向的人。若能與這種類型的人好好相處、給予他們支持，便能發揮超乎常人的能力與力量，和支持者也能維持良好的關係。但如果支持或相處方法有誤，不但當事人無法發揮他的能力，與支持者的關係也會變得破碎，導致悲慘的局面。出於好心還會引來暴怒，甚至成為攻擊的對象。

柯赫認為，自戀型人格障礙是因兒時自戀未能適度被滿足造成構造性缺陷的狀態。因此，認同自戀型人格障礙者，便可彌補這種心靈的缺陷，因此在向對方打開心扉對談時會顯著地表現出來。柯赫認為，這種與平時稍有不同的對話，正是克服構造性缺陷的關鍵所在。為什麼呢？因為當事人會在不知不覺當中這麼做，而逐漸修復自己的缺陷。

柯赫的對話技巧會讓這種類型的人充滿活力，不只助於充分發揮他本身具有的能力（非驕傲自滿或優越感等），而是以自然的態度與人相處、學會重視對方的感覺。對於如何相處這個問題，提供了一個答案。

那麼，柯赫的對話方法是什麼呢？

—成為鏡子的技巧—

柯赫注意到，自戀型人格障礙者會表現出兩種轉移模式。所謂的轉移，誠如之前說明過的，會將兒時懷抱的感情轉向他人。柯赫發現，這種自戀失衡的人，會表現出特有的轉移方式。

其一亦被稱為鏡映轉移，就像面對能映照出自己身影的鏡子一樣面對對方。白雪公主的繼母在與魔鏡的對話中，詢問魔鏡說：「世界上最漂亮的人是誰？」魔鏡若回答：「就是您。」便是一段感到滿足的關係。這面鏡子，就是映照出自戀、給予讚美的鏡子。這個人所追求的，就是自己的優點像鏡子般被映照出來，絕對不容許自己被否定、貶抑，被指出缺點。

一般而言，會與鏡子對話是很不自然的吧！然而，自戀型人格障礙者中，這種事情卻是很典型地。鏡映轉移在自戀型人格障礙中，被認為是殘留了誇大自體這種最幼年階段的自戀者特徵。柯赫的發現有趣的地方在於，不是只有像鏡子映照般產生轉移而已，且認同這樣的鏡映轉移是有意義的，並能積極地加以活用。柯赫發現，藉由鏡映轉移的產生，能使幼時誇大自體的讚美欲求獲得滿足，可促使其從幼時階段畢業，轉而成長、成熟。

—貫徹接納與讚賞—

鏡映轉移可說是一種成為鏡子的技巧。當對方在自吹自擂或說自己的事時，要拋棄「什麼嘛！只會吹噓或又再講自己的事了。」的念頭，也不可以擺出不耐煩的臉色，這樣是無法成為好的傾聽者與支持者的。

看到做出如此反應的你，對方不只會喪失想要談話的意願，對於你的信任感與好評也會消失殆盡。這樣就無法為這種類型的人帶來助力，反而會削減了他的能量。當這種類型的人覺得不被你支持時，不是轉而尋求別的支持而離開你，就是會對你發怒，任何一種方式都會導致走上讓關係破裂的道路。

因此，不如對抱持幼時自戀的人，貫徹讚美的鏡子，映照出此人的優點，讓他誇大自體的願望獲得滿足。

「哇！好厲害喔！這個是怎麼了嗎？」單純地讚賞、持續傾聽是基本的。

「這個好強喔！果然是天才（超人）呀！」

「你真的很棒耶！從來沒看過這種人。」

稍微誇大一點剛剛好。你能了解到我的過人之處，對方的臉應該也會閃閃發光。

這種類型的人，一旦被讚美，就能發揮出巨大的潛在能力。利用映照出自己的鏡子還能有創造性的成長。為了達到成長，就必須要有能肯定地映照出自己、給予支持的鏡子。

唱反調、還有更好的想法等等，不斷陳述自己的意見者，並不是一面好的鏡子。因為，鏡子若說出自己的事，作為一面鏡子就算是瑕疵品了。必須將聚光燈只照在對方身上。不要妨礙對方自由飛翔的思緒，要從心底發出驚嘆，以激賞對方話語的態度，是很重要的。

—承受理想化的重擔—

另外還有一種，自戀型人格障礙者會出現的轉移模式特徵，稱為理想化轉移。他會不斷地將治療者理想化、視為了不起的人物，過度地尊敬或憧憬，還會錯覺地認為對方什麼問題都能幫他解決。

大部分的人被如此地過度理想化應該都會感到不舒服，而想要大喊：「我才沒有那麼偉大！」「不要過分抬舉我了！」可是，柯赫認為，接受當事人的理想化欲求，某種程度地給予滿足，也是很重要。換句話說，這麼做也是回應其對於能保護、引導他的自我理想化父母的渴求。相反地，如果採取打破當事人理想化願望的態度，將會導致完全的反效果，只會讓過去的傷口再度重現而已。對當事人來說，他要追求的是一個能被同理對待，可以持續信任、尊敬的存在。

嚴格地對待、變得有情緒，適度展現人性弱點的一面等等的進程，逐漸將理想現實化雖然是好的，但突然讓對方感到幻滅，逃離理想化的形象，是會挫傷對方的理想化欲求，就不能成為一名真正的引導者了。想要成為引導者，必須自我磨練，以承受理想化的沉重壓力。

產生理想化轉移類型的人，是比誇大自體還稍微成長一點的自戀階段——在「理想化父母的意象」中挫敗的人。這種類型的人因為對父母感到強烈的失望，或是覺得父母不值得尊敬，因而使得自戀無法獲得滿足。這些人需要的是，將代替父母的人物理想化，藉由投射在此人身上的自戀，感受到自豪的滿足。因此，當這種類型的人產生理想化轉移時，不應該加以貶抑或擺脫，必須站在指導者的立場，大方地接納。

柯赫認為，產生理想化是表示預期恢復度很高，但事實上，也可以說是修復傷口時不可或缺的階段。

—自我客體與變形內化—

即便如此，接受鏡映轉移或理想化轉移，為何會與自戀的成熟有所關聯呢？以一般對話技巧的標準來看，這種稍微奇妙的對話方式，很容易會被視為不構成對話而予以否定。為什麼這種方法會有效呢？為了理解這點，必須再多了解一些柯赫的理論。

柯赫以前的理解是，心理的問題是由於心中帶有某些傷痛才產生的，但這些心理傷痛總是被壓抑，所以很難讓人意識到。而認識這些被壓抑的傷痛與情感，可望改善心理的問題。但在現實中很明顯地，就算知道扭曲發展的原因為何，也不會因為自覺到原因後而獲得治癒。例如：就算讓人格障礙者自覺到造成心理傷痛的原因，也無法解決其人格上的問題。就算再怎麼療傷，還是無法治癒扭曲發展的心理構造。那麼，該怎麼做才能修正心理構造的扭曲呢？

柯赫在持續的摸索當中，找到一種與幫助患者自覺到心理外傷與被壓抑的感情來解決的精神分析法完全不同的方法。這種方法的真髓一言以蔽之，就是要修正心理構造缺陷，必須再次重新歷經獲得不足部分的過程。

重新獲得不足的部分，也就是重新培養的話，必須要知道如何做才能讓自戀達到成熟。這個問題的答案，柯赫認為關鍵在於，自我客體的功能。

所謂的自我客體指的是自體，同時也是客體般的存在。原本最初的自我客體，對嬰兒而言，是乳房或母親的存在，這就像是自我的一部分，但同時也是外在的客體。

柯赫認為，自我為了獲得自律的心理構造，首先，必須由自我客體適當地給予同理的反應。在充分進行這個過程中，孩子會將自我客體對自我顯示的同理態度或想法，逐漸地放入自己心中。這個過程就被柯赫稱之為「變形內化」。

自戀型人格障礙者會由於來自自我客體的同理反應不足，而使得同理的構造無法充分發展。因此，在修復時，首先必須要有可以給予同理反應的自我客體。成為自我客體的對象，在持續同理的對應中不久之後將被接受，未成熟的自戀即能獲得同理的構造，達到變化成為成熟的自戀。而能達成自我客體任務的，便是治療者或是在周遭支持當事者的人。

在一般對話中，應該也會有對於自己成為對方的「自我客體」，而感到抗拒或負擔，覺得厭煩或拒絕的狀況吧！這也是沒辦法的事。不過，想要支持當事人時，成為自我客體是柯赫發現很重要且有效的方法。當成為自我客體時，是鏡映轉移，也是理想化轉移。變成讚美的鏡子、變成像父母般的庇護者，作為一個自我客體若能好好地發揮功能，便能填補自戀的缺陷，促使其發展成熟。

——撒嬌與同理的重要性——

在「常識性」的理解中，當自己成為對方的「自我客體」時，對方就會過度撒嬌，或被對方予取予求，不是一個良好的狀態。但如果缺乏「自我客體」的存在，不管過多久，心理構造的缺陷都將無法被填補。

所謂的自我客體，是指能夠接受自戀的自己的對象。換句話說，就是可以向他撒嬌的對象。想要消除因為未被接納、撒嬌所產生的自戀扭曲，只能重新經歷這個過程。只用分析的、認知的方式，是毫無作用的，必須要有帶有感情的體驗。這是「同理反應的自我客體」才能扮演的角色。

這樣看來，自我客體幾乎相當於鮑比提出的「依附對象」。以同理回應的自我客體，正是瑪麗・愛因斯沃斯稱為「安全基地」者，換句話說就是依附對象。

柯赫使用精神分析傳統使用到的「自我」、「客體」等用語，來表現相同的現象。對於因依附問題產生的狀態，顯示其被修正的可能。鮑比的依附理論中，對於依附損傷要如何修復這一點，幾乎未曾觸及。從這層意義上來看，柯赫的理論，可以看出較鮑比的理論更進一步。柯赫這種持續同理回應的自我客體可帶來修復的治療策略，不只針對自戀的類型，對於具有不穩定型依附的所有個案皆適用。

實際上，柯赫的自體心理學對話，充滿輕鬆的同理氛圍。柯赫也將成為自我客體用「成為家人」這樣的說法來表現。當未能達到成為家人般的連結，或許也就無法填補心理構造的缺陷了吧！

—成為老師—

讓我們再一次回到柯赫理論重要支柱的變形內化上，這可以說是在人與人的相處上，表現出最高尚的一面。

人不是只會接受他人給予的東西，還會將對方放在自己心中，讓自己變得就像這個人一樣。

從認同自己、肯定自己的對象之處，不只是接受讚美或自我肯定而已，還會學習到給予認同與肯定，以及這個對象本身的態度。從同理、像父母般給予守護的對象身上，不是只有接受安心與庇護，也要繼承同理他人、保護弱者的想法及智慧。

即便如此，接受理想化比起成為鏡子，需要更高一層的本領與努力。這並不是單純的技巧問題，還需要人格的力量。接受理想化，就是成為代職父母、成為老師。老師對當事人而言，也是自我客體。

人在長大成人、經驗累積達到成熟之際，最後的重要任務就是追求成為師者。希望作為技術之師、人生導師來教導後輩。當上父母，對孩子來說也是成為老師。成為老師，對他人的穩定及成長，以及對自己本身的成長，都具有極重大的意義。

身為老師，要有為人師表的舉止，在現代社會這樣的風氣可說是日漸淡薄。被稱師者，普遍已變得卑微，充其量只能算個專家而已。就像有所謂的「上班族老師」的說法一樣。也有不少老師切割得很清楚，避免全人的關懷，只願單純地傳達知識及技術。而醫師也有同樣的情況。

與真正的師者之名相稱的對象愈來愈少，也是造成自戀者成長停滯的原因之一，加速了不成熟的自戀在社會上的氾濫，因此，才會有更多人在尋求為人師者。有時也會由此產生對狂熱信仰的盲從造神危險。但從身邊原來的關係中，遇到可作為老師、值得尊敬的對象，對自戀的成長還是具有重大意義的。

對從事人的教育或成長相關工作的人而言，接受理想化轉移、舉止要有為人師表的典範，是對未來的責任。當然，要當一個永遠完美無缺的老師是不可能的，總有一天會被發現缺失或缺點。不過，只要有足夠時間能夠持續地理想化，就能接受帶有這些缺點或缺陷的現實中的老師。當理想化轉移逐漸地落實在現實的信任以及依附關係上，人就能從支持對象中獨立出來，走上自己的道路了。

焦慮依附型人格應對法 TIPS

・所謂的回應性，是對當事人的行動做出反應，並非由我方做出行動。主導權完全是在當事人身上。

・要指出一個問題的話，至少要給予一個肯定的評價後再進行，會比較容易被接受。

・利用映照出自己的鏡子能有創造性的成長。為了達到成長，就必須要有能肯定地映照出自己、給予支持的鏡子。

・「你可以好好表達了呢！」「真是有趣啊！」「這可是新的切入點喔！」肯定的接受是重點所在。就算想法不同，如果能將發掘對方觀點的過程當作是一種樂趣，大方接受的寬宏度量是必要的。

・就算讓人格障礙者自覺到造成心理傷痛的原因，也無法解決其人格的問題。就算再怎麼療傷，還是無法治療扭曲發展的心理構造。……要修正心理構造缺陷的話，必須再次重新歷經獲得不足部分的過程。

第七章

行為與環境作用法

─越困難的個案越需要與行為和環境對話─

截至目前為止所談到的方法，都是透過對話溝通來引起個體變化的方法。希望盡量能藉由尊重當事人的主體性來解決問題，修正自己的偏差，激發出積極向前的意志。由自我察覺出問題，改變行為或認知，給予同理的回應，以促進心理構造的成熟。

然而，這種方法有時也會有難以產生理想變化的時候。原因大致可分為兩種。一種是因當事人本身的問題所引起，會因言語的表達能力及反省能力不足、心情極度不穩定、極度缺乏靈活度、面對變化會強力抵抗等情況發生。

另外一個是，不單只是與當事人有關，當與周圍的關係呈惡性循環時，即使本人想改變，也會遭到周遭人的妨礙，那麼好不容易才產生的變化也就因而打消了。

在這些情況下，就算想藉由言語與言語的對話來產生變化，也會窒礙難行。另外，在後者的情況中，許多個案都是當事人想要改變，外界卻不讓他們改變。

前者的情形是，除了言語與言語的對話外，還需要言語與行為的對話。後者的情形則是，需要對支持當事人的環境起作用的對話。誠如前文所述，問題與原因的所在不一定會一致。就算是當事人表現出有問題的樣子，也不代表問題在當事人。

改變當事人的想法或行為雖然很重要，但只是這麼做的話的確有它的限度。只是稍微改變環境，問題會完全消失者也不在少數。有時，與其跟當事人談一百次，不如與他的家人見面談一次，更能有效地解決問題。

第一章開頭時有談過，羅哲斯一開始在防止虐待兒童協會工作了十一年後，他出版了著作《問題兒童的治療》一書，其中特別值得一提的是，比起心理療法，羅哲斯更傾力著重在環境調整這一點上。書中約有三分之二的篇幅都在敘述這件事。所以說，從環境著手可說是具有非常大的意義。

而將行為對話與支持環境的對話放在一起談是有原因的。因為，這兩者經常會糾纏在一起。

缺乏言語表達能力或認知處理能力的個案，問題愈容易以行為表現的方式顯現出來，比起當事人的問題顯示，更多時候是反映出周圍環境的問題。

對於使用對話法無效的個案，一方面要與行為對話，另一方面則須與圍繞當事人的心理社會環境對話。也就是說，讓圍繞當事人的人們，學會與行為對話的方法，即可有效地解決問題。

因礙於篇幅有限，無法詳加深入探討，但還是想談談與行為對話的要點。

—設定規則與界限—

在與行為的對話中，當企圖要控制行為時，首先必要的是要確認規則。為了什麼原因、以什麼樣的程序進行等等，都要盡量單純易懂地說明規則。為了提供幫助，前提條件是必須遵守這些規則，愈是困難的個案如果未能釐清這一點，那麼之後不僅可能造成麻煩，也愈難培養他對行為控制的能力。

在處理造成周遭困擾的問題行為或危險行為時，要好好地說明目的，並取得理解。例如：在這個房間內會待多久，或有一定行為的限制或娛樂限制，或依狀況得交由警察保護、暫時送入醫院等等，都需要事先予以明確的形式約定。

—客觀地記錄行為—

在與行為做對話時很重要的是，要讓對方先將行為如實地記錄下來，予以客觀化。情緒性的批評或哀嘆等周圍的反應，要與當事人的行為本身明確地區別開來，兩者都要記錄。

由當事人做敘述，或由第三者詢問做記錄，都是很重要的。因為，光靠記憶的話，會先入為主地加以改編，很容易只會去強調不好的事，或只說好的事。自己能記錄的話最好。若能持續記錄的人，狀況一定會好轉。明明有能力，卻無法做到的人，會容易遲滯不前。把這樣的事告訴對方，指導他記錄的話，當事人本身也能與自己的行為對話。

當事人無法記錄時，由家人來記錄也可以。

以記錄下來的東西為基礎去回顧所做的行為，再稍加詳談當時的狀況與心情，一面回顧一面討論值得注意的事。用適切的方法操作的話，只要能持續，大部分個案的行為問題都將減少。

—決定表現的三要素—

行為分析或行為療法中，行為乃以先決條件↓行為↓結果（報酬）等三要素組成。行為是否順利進行，不單是行為本身的問題，也受到先決條件或報酬的問題左右。

先決條件中，又有何時、何處、與誰、如何等狀況因素，以及當事人是否已設想到什麼樣的行動，會有什麼樣的結果等認知要素。而關係行為本身的是，是否學會此行為的技術，或當不好的行為成了習慣等問題。以及第三個是，從結果獲得的滿足和報酬有多少的問題。

當該做的事未能順利進行，或出現不良行為時，應是這三個因素中的某一個潛藏著問題。

先決條件的狀況因素有問題時，有可能會演變成壞行為的扳機刺激（導火線）作用。這個問題將待後述。認知要素有問題時，必須盡可能具體易懂地告知該做什麼？會得到什麼結果？教導其行為的規則與方法，事先決定報酬及處罰方式。

當知道該做什麼卻做不到時，或許是因為還沒有學會行為的技巧。這時，就必須訓練行為的技巧。首先，要先做示範，讓當事人從模仿開始，不斷反覆練習，直到可以順利完成良好的行為模式。

當明明有技巧卻不行動，或出現問題行為時，就是先決條件或報酬發生問題。說到報酬，有可能是表現出好行為時獲取的報酬不足，或獲得的報酬不明確，或目標過高就算努力也無法得到報酬，不良行為所獲得的滿足與報酬較大等情況。另外，也有因為無視於主體性，讓當事人做不喜歡做的事，周圍認為的報酬與本人認定的報酬天差地別的情況。

將努力目標降低到可達成的標準，有好的行為表現時，便更加積極地讚美是很有效的。但當有損主體的意志時，就必須回到原點，思考當事人真正想要做什麼。

—消除導火線—

在推動認知的方法時也有談到，壞的認知模式大多容易以固定狀況表現。認知結果的行為也可說都一樣。之所以成為引發扳機的機制，大致也都是共通的。

做行為的紀錄，觀察造成問題的行為是在什麼狀況下發生，就可以看得出引發扳機的導火線。比起去除壞行為，排除成為導火線的狀況要容易許多。

對當事人而言，應該都有些會造成壓力或刺激情緒的狀況。例如：疲勞、睡眠不足等身體的狀況，或是對課業不了解、忍耐一些令人不愉快的事、違反本人意志的強迫行為、出乎意料的事、遭否定的批評、被排擠等當事人的感受等狀況。

若清楚是什麼狀況，就必須盡量以明確的形式，傳達給當事人以及周遭相關的人。

「你～的狀況會成為導火線，也似乎很容易演變成～」

將成為導火線的狀況傳達給周遭的人，請他們盡量避免，同時和當事人談談當遇到這些狀況時該如何處理。

這個方法就是——

「這個時候，該怎麼做才能順利進行呢？」

「這種情形，該怎麼處理才好呢？」

丟出問題後，讓當事人自己思考。

當事人完全不知道如何是好時，就提出「這個方法如何呢？」以舉例或示範。

然後實際去做做看，當場進行角色扮演。

近年來，在諮商對話中與當事人進行角色扮演已經變成理所當然的技巧了。如果無法實際示範給對方看的話，也就無法要求對方做了。

如此反覆練習，每次以「如果遇到這種狀況時，該怎麼做呢？」來尋求處理的方法。逐漸提出難度較高的狀況，讓對方回答因應之道。這種預演式的練習，可逐漸培養出瞬間反應的思考線路，對行為控制的提升極為有效。面對現實的狀況處理得當，若能夠加以讚美的話，將會更能加強行為的固化。

─強化好行為─

在與行為對話上另一件重要的事，就是不要只著眼在所謂的「問題行為」或「壞行為」。而應看重「好行為」，並予以肯定的評價，讚賞他「很努力呢！」「做得挺好的呢！」若反其道而行的話，就容易往壞的方向發展。

因此，比起鼓勵增加好行為，促使減少壞行為的方式，不僅難以取得效果，還容易產生不良影響。

例如：好動的兒童在學校裡惡作劇，每次都被嚴加斥責。依據前述的矛盾原理，別說會因被罵而減少惡作劇了，反而會因為更加反抗，惡作劇地更厲害。不只如此，斥責這種負面的強化動作，對關鍵的惡作劇行為不僅無效，還很容易對其他部分產生作用。會因為在上課時惡作劇被罵，就變得討厭讀書或討厭學校、老師等，產生負面的波及效應。

若用讚美來強化其他好行為時，不只容易強化行為，也比較不會出現不良的副作用。正面的波及效應還會涵蓋到其他方面，也就是說，被讚美可提升自信，變得喜歡老師和學校。甚至還能提升學習動機。

因此，記錄行為予以檢視時，比起只挑壞結果檢討問題，不如找出優點加以讚美，更能大幅有效地改善行為。為此，在解決志向方法中也談過，著眼於例外的態度是很重要的。就算有九成五是不好的，只要有百分之五的優點，就要著眼在這上面，讚美這種例外的好行為。

對於周圍那些無論如何都只看到壞處的人，也要鼓勵他們往關心好行為的方向發展。

「你做得很好呢！」

「這代表當事人本身做得很好。比起沒做好的部分，做得好的地方，請好好地給予讚賞。」

這種說法雖然也不錯，但只有這樣的話，有時會被理解成在否定周圍的人。因此，**「能表現出這些優點，就是你有好好支持他的證據。照這樣的步調，今後也請繼續給予支持。」**考量到周圍人的心情也是必要的。

—短視報酬與問題行為—

傷害自己給周圍帶來麻煩的問題行為，明明只會得到被痛罵的負面報酬（懲罰），卻有不少人仍無止盡地不斷重蹈覆轍，所以很多人都感到無法理解。但實際上，他們並不是在重覆沒有報酬（滿足或快感）的行為。其實這其中是有比懲罰更大的報酬，但身旁的人大多都沒有察覺，反而一直不斷地給予。

一般難以理解的短視報酬助長問題行為的就是注目與關心。總是不被關心的孩子（大人也是），一旦經驗過只有做壞事才會引起周圍的騷動後，便記住了這種快感，在不知不覺中就會重覆做出這種行為。只有做出自傷行為與危險行為時，身旁的人才會驚慌失措地予以關注，而加速了這種惡性循環。所以，應該減少注目與關心，冷靜地看待問題行為為宜。對於日常的努力與行為，要更加展現出熱情的關心及反應。但許多案例在逆向操作後，在稍微穩定而減少關心時，又會出現問題行為。

被視為問題這件事的本身，有時也會變成報酬。在反抗或違法、自傷、暴飲暴食等行為當中，產生了惡性循環。愈是被視為是問題行為，愈是會重覆不斷地做。這時，我們不忘把它視為問題。前述的認可策略也有提到，要去接受他的行為、著眼於肯定面的應對，可防止惡性循環。但是，當問題行為超過某種限度時，就要暫時打住接納性的關懷，必須進行限制行為等負面的強化動作。當發生這種情形時也不要情緒性地責罵，必須冷靜地處理。

另一個成為短視報酬的，是由自我刺激所引起的快感，也就是透過反覆耽溺獲得滿足。這在某種意義上是最難解決的。要加以對抗的話，就是每次從事這項行為時，必須立即進行負面的強化（弱化），用替代的行為使之獲取更強烈的滿足。

負面的強化方法包括，在既定的場所強迫冷靜一段時間，或是握住雙手面對面，確認規則後加上既定的行為限制等方法。而另一方面，問題行為若能減少的話，就放寬行為限制，增加娛樂及對當事人的關心。如此一以貫之的應對方式，是很有效的。同時再投入運動、園藝或料理、團體活動、學習等，必須經過努力才能得到報酬的活動，讓他感受到由短視的自我刺激，所無法獲得的成就感及同理心等真正的報酬，便可帶來長期性的恢復。

—指示行為—

在與行為對話上還有一個有效的手法，就是指示對方從事某些行為。指示當事人完全做不到的事，會因為在實行面上的困難而毫無意義，但若是當事人非常擅長的事，那這個指示就會變成非常有效的助力了。

抱持著相同的傾聽、同理就可以了，只是最後要給予具體的指示，給予「請這麼做」的指示。而這部分需要家人的參與。

這種做法具有各種意義，其中一個重要的意義在於，透過指示行為更容易引起變化。只用一般對話難以產生變化的個案，也會因設定或行為模式有所改變，而較容易產生變化。

另外，還可以實際行動邀請對方一起做做看。超越只用言語的溝通框架，轉而用一起行動的形式來溝通，也可以用遊戲或行為表現為媒介。

與一般想法中只用言語進行對話稍有不同，經常使用這個方法的話，可加深用言語進行的對話。此法若能順利切中要領，有時也會帶來非常大的變化。

那麼，指示什麼行為會引起變化呢？請往下看。

—行為會減輕焦慮—

相信有不少人都有過這樣的經驗吧？興奮時會無意識地在房裡走來走去，有人是睡覺前會不斷地確認枕頭或睡的位置，還有人是在課堂中一直不停地轉鉛筆，或聽人說話時腳會不停地抖。這些動作只要意識到的話，就可以停止，但在緊張或焦慮高漲的狀態下，往往會像強迫症般地不做就冷靜不下來。

從這些例子可以看出，刻板的固著行為可以有效減輕焦慮和緊張，將之加以應用的就是行為療法等經常進行的「行為處方」。它代替處方藥，給予請不要做某種動作的指示。

焦慮或緊張高漲→增加固著行為，反利用這樣的過程，預先指示對方要做固著行為，當焦慮高漲時，便給予指示做出某個講好的動作。

極端地來說，什麼動作都可以，但重點在於刻板的動作。例如：感到焦慮的時候，可以指示其「請把手放在肚子上，慢慢做腹式呼吸」這種醫學上的適當動作；也可以給予「請敲牆壁三次，反覆地說沒事的」這種儀式性的指示。乍看之下是荒唐無稽的儀式性指示，但同時也能發揮效果。

重要的是，透過單純的重覆動作，以減輕焦慮的原理；不過，事先準備好因應的動作，更能加強減輕焦慮的效果。

給予指示時，必須要有自信及確信，再明確地傳達。因為這個方法的效果會有多少，端看是否相信該指示的有效性。

為身心症的症狀所苦時，與其修正想法，不如指示其行為更可望改善狀況。例如：指示他一小時一次，放下手邊的工作，利用上廁所休息的時間做放輕鬆的體操；或利用休假日上健身房、練習高爾夫球等提案，可獲得與藥物同等甚至超越的效果。

—告訴自己的話—

指示行為中，比起身體動作，更多的是還包含了大腦的思考動作。例如：「～的時候，請想一想～」或「～的時候，請告訴自己～」等指示。這是出乎意外有效的方法。不過，做出指示的方法需要下點功夫，單純好記的說詞，以及切中要點是必備的。

例如：對容易陷入被害認知的人，給予「覺得只有自己被排擠時，**要告訴自己說，因為平時的壞習慣，築起一道牆的其實是自己。**」的指示。「告訴自己」的動作，若事前予以指示教導的話，會成為非常有效的對應行動。

反覆操作後，就會逐漸修正自己實際上的認知偏差。

對在意他人臉色與目光的人說：「**請告訴自己，人都是只會想到自己，並不會在意別人的。**」就好了。

對容易陷入二分法認知的人說：「**請告訴自己，不是零分或一百分，而是要以五十分為目標。**」是很有效的。

對容易情緒失控的人，也可以說：「突然快要忘我時，**請告訴自己，與其贏過別人，不如戰勝自己。**」

─說反話的方法─

這些方法中經常被使用到的，是稱為說反話的技巧。前章也有提過，利用人類的矛盾性，給予期待方向相反的行為指示，引導做出相反的行為，結果會使得行為依期待來改變。

例如：對工作得很痛苦、想要辭職的人說：「不能辭職啦！」想要加以說服的話，反而會強化他想辭職的心情。但如果說：「不喜歡的話，辭職就好啦！」或「隨時走人都沒關係！」的話，則會強化他捨不得辭職或想繼續做的心，反而能讓他持續長久地工作下去。

這點再用稍微精緻一點的方法加以應用的話，還可運用在各種場合。如果想要減少某種行為的話，就指示對方要更頻繁、更誇張地從事這個行為；而想要增加某種行為的話，則要告訴他完全不要做該行為。

有名強迫性障礙的女性，只要衛生紙用完了就會感到焦慮，所以堅持要囤積超過需要的量，她總是為此與護士爭執。護士愈是限制張數，她愈會偷偷地囤積，雙方你來我往，沒完沒了。後來護士改變了做法，給她比要求的數量更多，於是她對大量囤積的衛生紙失去了興趣，表示不需要那麼多了。

有名高中女生，一點都不想念書，只對偶像明星一頭熱。母親看了覺得痛苦不堪，但怎麼勸她讀書都完全無效。有一天，女兒從學校發郵件，希望母親幫她買偶像的新CD。一小時過後，又來郵件問是否已經買了？怒氣沖天的媽媽等女兒從學校回來後，便非常嚴肅地要求女兒，不必再讀念書了，從高中退學吧！於是，女兒邊哭邊道歉，從此就開始認真念書了。

並不是建議大家使用這種方法，但以結果來論，這個母親的憤怒，變成了說反話的方法，也改變了女兒的行為。

—把家人帶進來—

說反話的方法，經常運用於想要說動家人的時候。不將問題行為視為問題，反而把它視為有用，以逆轉價值。

過去曾在非洲使用過的土著治療法的一種，如果有誰精神不穩定，就把那個人當作國王來侍奉一段時間，身旁的人會對那個人的任何要求都予以滿足。大部分的人這樣經過一週後，據傳都能恢復健康。

將這種手法稍微改變一下，也可以用在家庭治療等用途。

F小姐為暴食症所苦。看不下去女兒暴食後又嘔吐，母親便向治療師尋求諮商。治療師建議要與家人面談，於是，F小姐與父母、弟弟都前來。治療師傾聽了F小姐與家人的敘述後，認為F小姐的「暴食」症狀，是為了維持家人間的牽絆所必須的，對於再次凝聚快要分崩離析的家人有所幫助。因此，下了一個結論就是，暴食的症狀對維持家人的牽絆具重大意義，所以不需要改變。

出乎意料的回答，雖然讓一家人感到困惑，但面對治療師的質問：「像現在這樣，全家聚在一起談話，不就是證據嗎？」卻無法反駁。的確，發生這個問題前，大家都只關心自己的問題，感覺到家人都各自為政。像這樣，家人們開始第一次理解到，F小姐的症狀不只是F小姐自己的問題，也是全家人的問題。然而，就在F小姐彷彿像是個「犧牲者」的同時，因為被告知維持現狀不需要改變，因而產生了想要改變現狀的動機。很明顯地，為了改變現狀，所有家人都必須改變，每個家人都開始認真去思考今後該怎麼做。

面對自傷或拒絕上學、家庭暴力等「問題行為」，應著眼於可達到什麼有益的作用上，而不要去強迫停止「問題行為」，要從該行為具有的意義中來接受，並展開對話。前述的換框法也可說是其中之一。

這是前述談過的矛盾性問題加以巧妙運用的方法。否定某種行為是「問題」，愈加以阻止的話，愈會加強它的矛盾性，而有戒不掉該行為的感覺，因此很可能就會強化了「問題行為」。然而，當有人肯定該行為的「意義」，告知與其改變不如接受現狀時，當事人執著於問題行為的緊張感會減弱，反而覺得維持現狀會有種前所未有的不對勁。想藉此改變的想法或行為就會更加強了。

—把關鍵人物化為助力—

當一個人被認為有問題時，通常有不少是反映出這個人的家庭或組織的問題。兒童出現問題時，常常是家庭或學校的交友關係產生了問題；公司員工變得憂鬱時，也大多是公司的體制或上司的應對有問題。這時，若只將當事人切割出來，不管怎麼嘗試改善都有侷限，必須從當事人的生活環境著手改變。

這種情況的重點在於，了解主要掌控當事人環境的是誰，說動掌握關鍵的人物是很重要的。不過，若對關鍵人物責難或說教，則會徹底地造成反效果。這也是矛盾原理的作用。

即便知道這名關鍵人物就是當事人產生問題的最大原因，但與其建立夥伴關係。利用前章所述的方法，可望與之建立起和善的合作關係。若對關鍵人物與以信任，並藉助其力量的話，應該較易獲得積極的回應，對待方式自然也就會有所改變了。

說動關鍵人物很重要是，第一雖然是改變對當事人否定的看法，但同時也要提出具體的對待方式。因為就算想要支持，但大多數人都不知道該怎麼做。掌握目前為止所談過的方式，明確地給予具體的指示是重點所在。

—小小的改變也會產生大大的變化—

指示採取應對行為的行動這樣的手法，還可用於產生更積極的變化。

在膠著、難以產生變化狀態下，只要在生活中做些小改變，就能改變平衡，那麼總有一天也會產生巨大的變化。因此要從指示或建議成為變化契機的微小變化開始做起。

身旁的人是最理想的目標，在某種程度上也是最難改變的地方。希望拒絕上學、無法去學校的孩子能進入教室學習、繭居族的年輕人能就業工作、反覆割腕的女性不要再自殘等，想要一蹴可幾的話反而會欲速則不達。

在這種情況下，就要從小地方開始改變。從與問題無直接關聯的地方開始改變，比較容易產生變化，這個變化能改變整體的平衡，可望產生巨大的變化。

小小的一步很重要。以作為促進變化的技巧來說，將一個個步驟具體化通常很有效。使用前述的評量問句，讓對方具體說出各階段想達成的任務，用腦力激盪的方式說出來。當事人可採用從難度高到難度低依序排列的方法亦可。然後，再將看起來可以達成的下個步驟明確化，就會產生行動的力量與勇氣。

―陪在一步之後―

所謂小小的改變，像是拒絕上學的孩子開始製作公仔模型也好，反覆割腕的女性開始從事園藝也好。生活模式改變，增加積極正向的行為，就可以成為問題行為減少的契機。

產生小小改變的方法，就是當事人本身說出想要做什麼的時候，給予「好點子！」「試試看嘛！」的肯定。對於自發性行為予以肯定與鼓勵的守獲是最好的。

不過，當對方一點兒都沒有動靜時，或想要做什麼但不知從何下手時，可以建議當事人從比較簡單可以達成的行動開始，或是一起規劃行動計畫都可以。例如：建議繭居族的年輕人從打開窗簾開始，從打開窗戶、站到陽台上、拿報紙、倒垃圾等循序漸進，到摺衣服、散步或運動後記錄運動量、試著煮飯做菜等，也是一種方式。

依照當事人的狀況也可以採用委託、邀請、一起努力做什麼等更強力參與的方法。在進一步探詢當事人的關心或需求事物中，配合當下的時機做處理會更有效。

這個時候，不要搶在當事人之前，而在當事人的後面跟著走，總有一天他會邁出有力的步伐。

—不要忘了童心與笑容—

將與行為對話培養到能有所自律時，不可以忘記的就是一顆赤子之心。當過於熱心地強行要求，並深陷單一的標準時，反而會使諸事不順。當事人所具備天生的自律能力，在能夠自由發揮的時候，才是最強大的。當我們在不知不覺間用單一的價值觀或標準，限制住對方的話，就很難把它從死胡同裡拉出來。想要獲得自由的話，不可以想得太呆板、嚴肅，而是要有一顆赤子之心。

一個人要怎麼想都好，走上什麼路都可以，唯有擁有自由豁達的心才是最重要的。要有看待任何事情的方法都各異其趣、塞翁失馬焉知非福的逆轉思考；對束縛、箝制人的東西一笑置之，另一方面則要去思考這束縛有何用處。自由自在不受拘束，認為任何事情都有價值的寬闊胸襟，是在與不會表現自我的人的對話中，想將當事人的能力發揮至最大限度時，最重要的事。

行為與環境作用法TIPS

- 不要只著眼在所謂的「問題行為」或「壞行為」。而應看重「好行為」，並予以肯定的評價，讚賞他「很努力呢！」「做得挺好的呢！」
- 愈是被視為是問題行為，愈是會重覆不斷地做。這時，我們不要把它視為問題。前述的認可策略也有提到的，要去接受他的行為、著眼於肯定面的應對，可防止惡性循環。
- 感到焦慮的時候，可以指示其「請把手放在肚子上，慢慢做腹式呼吸」這種醫學上的適當動作。也可以給予「請敲牆壁三次，反覆地說沒事的」這種儀式性的指示。
- 對容易陷入被害認知的人，給予「覺得只有自己被排擠時，要告訴自己說，因為平時的壞習慣，築起一道牆的其實是自己。」的指示。
- 如果想要減少某種行為的話，就指示對方要更頻繁、更誇張地從事這個行為；而想要增加某種行為的話，則要告訴他完全不要做該行為。
- 一個人要怎麼想都好，走上什麼路都可以，唯有擁有自由豁達的心才是最重要的。

結語——真誠待人的心，具有引導當事人的強大力量

我們介紹了各種的對話技巧，像這樣經過整套的學習之後，我想大家應該可以了解對話技巧的整體面貌，也能強烈地感受到不單只是技巧，還有應該被重視的想法及相通的精神。與良好的對話技巧共通的還有真誠待人的心，這樣的態度具有可以將當事人從沉睡中引導出來的力量。

愈是陷入困境，對話愈是顯得意義非凡，而為了克服這樣的狀況，對話就變得必要了。可惜的是，很多時候我們彼此間的對話只會達到反效果。我們總是不經意地對脆弱的人咄咄逼人，加深對立與孤立的鴻溝，將對方逼迫到無處可逃，只能躲進自己的殼裡，這樣的狀況在現實生活中不斷地上演。

這當中反映出了，並非對話原本具有的同理、統合的一面；而是過度地強化駁倒、責難對方，只主張自我正當性等等具競爭性、攻擊面的整個社會的精神狀況。然而，歷史證明的是，如此貶抑對方、只有自己獲勝的對話，會讓獲勝者都變得不幸。長遠來看，將只會帶來破壞，使得兩敗俱傷。

因為前所未有的震災及核爆事故，面臨危機的日本社會，更應該追求同理的、統合的真正對話。

這也是在回歸原點，珍視人與人之間牽絆的同時，在混亂、前途茫茫的情勢下，為要克服眼前的難關、找回自我、開創更豐富的人生時，一種重要的技術。從這層意義來看，即使是與自己的對話，也希望大家務必要善加運用本書談到的技巧與思考。

最後，我要對給予本書執筆機會、持續耐心等待原稿的ＰＨＰ研究所新書出版部的横田紀彥先生表達感謝之意。

二〇一一年九月

岡田尊司

附錄

與各種問題相關的深度談話技術

對應問題	有效的方法	應對篇章
出路、就業的煩惱	焦點解決法 動機式晤談 認知解決法	第二章 第三章 第四章
結婚、離婚的煩惱	焦點解決法 動機式晤談 依附性應對法	第二章 第三章 第六章
無法下決定	焦點解決法 動機式晤談 認知解決法	第二章 第三章 第四章
憂鬱、自我否定	同理心法 認知解決法 肯定策略 行為、環境應對法	第一章 第四章 第五章 第七章
割腕等自殘	同理心法	第一章

	焦點解決法	第二章
	動機式晤談	第三章
	認知解決法	第四章
	肯定策略	第五章
	依附性應對法	第六章
	行為、環境應對法	第七章
拒絕上學	同理心法	第一章
	焦點解決法	第二章
	動機式晤談	第三章
	肯定策略	第五章
	依附性應對法	第六章
	行為、環境應對法	第七章
無力感、繭居	同理心法	第一章
	焦點解決法	第二章
	動機式晤談	第三章
	依附性應對法	第六章
	行為、環境應對法	第七章
藥物、酒精依賴	焦點解決法	第二章
	動機式晤談	第三章

	認知解決法 肯定策略 依附性應對法 行為、環境應對法	第四章 第五章 第六章 第七章
不安、焦慮	同理心法 焦點解決法 依附性應對法 行為、環境應對法	第一章 第二章 第六章 第七章
虐待	同理心法 焦點解決法 動機式晤談 認知解決法 依附性應對法 行為、環境應對法	第一章 第二章 第三章 第四章 第六章 第七章
家暴	焦點解決法 動機式晤談 認知解決法 依附性應對法 行為、環境應對法	第二章 第三章 第四章 第六章 第七章

問題	方法	章
人際關係、職場問題	同理心法	第一章
	焦點解決法	第二章
	認知解決法	第四章
	依附性應對法	第六章
	行為、環境應對法	第七章
小孩的問題行為	同理心法	第一章
	焦點解決法	第二章
	認知解決法	第四章
	肯定策略	第五章
	依附性應對法	第六章
	行為、環境應對法	第七章
不良行為、暴力	同理心法	第一章
	焦點解決法	第二章
	動機式晤談	第三章
	認知解決法	第四章
	肯定策略	第五章
	依附性應對法	第六章
	行為、環境應對法	第七章

人生顧問 445

啟動心靈的對話

作　　者—岡田尊司
譯　　者—洪于琇、柯依芸
主　　編—李筱婷
封面設計—兒日設計

總 編 輯—胡金倫
董 事 長—趙政岷
出 版 者—時報文化出版企業股份有限公司
一〇八〇一九台北市和平西路三段二四〇號七樓
發行專線—（〇二）二三〇六—六八四二
讀者服務專線—〇八〇〇—二三一—七〇五
（〇二）二三〇四—七一〇三
讀者服務傳真—（〇二）二三〇四—六八五八
郵撥—一九三四四七二四時報文化出版公司
信箱—一〇八〇一九台北華江橋郵局第九九信箱
時報悅讀網—http://www.readingtimes.com.tw
時報出版臉書—http://www.facebook.com/readingtimes.fans
法律顧問—理律法律事務所　陳長文律師、李念祖律師
印　　刷—紘億彩色印刷有限公司
初版一刷—二〇一六年五月十三日
二版一刷—二〇二二年三月十一日
定　　價—新台幣三二〇元
（缺頁或破損的書，請寄回更換）

時報文化出版公司成立於一九七五年，
並於一九九九年股票上櫃公開發行，於二〇〇八年脫離中時集團非屬旺中，
以「尊重智慧與創意的文化事業」為信念。

啟動心靈的對話／岡田尊司著；洪于琇，柯依芸譯 . -- 二版 . -- 臺北市：時報文化出版企業股份有限公司, 2022.03
232 面；14.8x21 公分 . --（人生顧問；445）

譯自：人を動かす対話術

ISBN 978-626-335-118-9（平裝）

1. 心理諮商 2. 溝通技巧

178.4　　111002385

ISBN 978-626-335-118-9
Printed in Taiwan